1. Auflage
© 2010 Conbook Medien GmbH, Meerbusch
Alle Rechte vorbehalten.

Einbandgestaltung: David Janik, Linda Kahrl
Satz: Linda Kahrl
Coverfoto: © istockphoto.com/Mlenny
Illustration: Dinah Kübeck
Druck und Bindung: Ebner & Spiegel GmbH, Ulm
Printed in Germany

ISBN 978-3-934918-43-6

www.conbook-verlag.de

FETTNÄPFCHENFÜHRER

SCHWEDEN

Die ungeahnten Geheimnisse blaugelber Etikette

Delia Kübeck

Wer hätte gedacht, dass im schönen, ruhigen und auf den ersten Blick so unkompliziert wirkenden Schweden allüberall und jederzeit Fettnäpfchen lauern? Wussten Sie zum Beispiel, dass man schniefenden Zeitgenossen besser kein Taschentuch anbietet, sich nach Möglichkeit bei Besuchen nicht fein macht und auch besser darauf verzichtet, alten Menschen ungefragt seine Hilfe anzubieten?

Oder dass ein unangemeldeter Besuch für Schweden der größte anzunehmende Albtraum ist? Hätten Sie gedacht, dass man hierzulande über große Geschenke eher unglücklich ist, man besser keine Runde in der Kneipe schmeißt, um Himmelswillen niemals drängelt und schon gar nicht nackt in die öffentliche Sauna geht?

Die Anzahl der möglichen Fehltritte ist immens, was vielen Nicht-Schweden so gar nicht bewusst ist.

Doch nicht verzagen – hier kommt Hilfe: Herr Müller und seine Familie machen sich auf in das Land der Elche, springen für Sie in die Bresche und lassen zielgerichtet keines der unzähligen Fettnäpfchen aus. In zahlreichen Beispielen wird vermittelt, was Sie im schönen Schweden lieber vermeiden sollten, dazu gibt's jede Menge Infos über den »swedish way of life«!

Delia Kübeck, 1959 in Hagen/ Westfalen geboren, in Deutschland zunächst als Sekretärin, dann als feste/freie Texterin tätig. 1998 Umzug nach Mittelschweden, dort einige Jahre Vermittlung schwedischer Immobilien und ehrenamtliche Leitung eines privaten Museums. Von 2001 bis 2006 geisteswissenschaftliche Studien in Örebro und Lund. Seit 2004 Beratung für Einwanderer und Hauskäufer in Schweden. Im März 2009 erschien ihr Buch »Alltag in Schweden – Auswandern, Leben und Arbeiten« im Conbook Verlag.

Inhalt

Inhalt

Inhalt

Vorwort

Fettnäpfchen in Schweden – gibt's die? Im Lande von Pippi und Karlsson, wo alles so ruhig und unaufgeregt zugeht, die Menschen stets freundlich, offen und nett sind, dabei so unkompliziert und einfach im Umgang – hier soll es von Fettnäpfchen nur so wimmeln?

Diese Frage stellt sich für die meisten Urlauber und Einwanderer aus deutschsprachigen Ländern gar nicht, zu nah fühlt man sich den Schweden in Mentalität, Kultur und Denkweise - und setzt einfach stillschweigend voraus, dass zwischen diesen sympathischen Bewohnern der nördlichen Hemisphäre und der eigenen Kultur doch sicher recht große Ähnlichkeiten bestehen. Weit gefehlt! Oder hätten Sie zum Beispiel gewusst, dass man es in Schweden besonders schätzt, wenn Dinge richtig viel Zeit brauchen, wenn ein kluger Mensch sich als unwissend und ein Erfolgreicher sich als Glückspilz darstellt, der für seinen Erfolg so gar nichts kann? Dass man sich eher vor Zeitgenossen fürchtet, die in der Kneipe eine Runde schmeißen, es übel nimmt, wenn man ein Taschentuch angeboten bekommt und dass ältere Schweden geradezu beleidigt sein können über unerbetene Hilfe? Und hätten Sie gedacht, dass man sich in Schweden über große Geschenke nicht sehr freut, Körperkontakt zu Fremden äußerst unerwünscht ist und man auch stets nur züchtig verhüllt in die öffentliche (und getrennte!) Sauna geht? Dass Alkoholgenuss unter der Woche eine moralisch zweifelhafte Angelegenheit ist - und auch das für andere sichtbare Herumlümmeln im eigenen Garten? Wären Sie darauf gekommen, dass feine Kleidung häufig zu Naserümpfen Anlass gibt, starkes Schminken gern mit Liederlichkeit assoziiert wird - und männliche Galanterie von den Damen in Schweden oft mit barschen Bemerkungen quittiert? Dass öffentliche Gefühlsbezeugungen als pathetisch gelten, Individualismus hierzulande eher fragwürdig ist und ein unangemeldeter Besuch die meisten Schweden in höchste Nöte versetzt?

All diese vielen ungeschriebenen Gesetze - nirgends stehen sie geschrieben, nirgendwo werden sie erklärt. Schon gar nicht von Schweden selbst, denn schließlich will man ja – typisch schwedisch – niemandem zu nahe treten oder sich aufdrängen. Die Besucher und Einwanderer werden schon von selbst herausfinden, was sie falsch machen, auch wenn das ein paar Jahre dauern kann – und es in den meisten Fällen auch tut!

Bis dahin ist man in jede Menge Fettnäpfchen getappt, hat etliche Schweden brüskiert, sich vielleicht sogar ganz unmöglich gemacht – ohne sich auch nur im Geringsten darüber bewusst zu sein. Denn Schweden sind Meister der diskreten Reaktion, so diskret, dass sie dem ungeschulten Touristen- oder Einwandererauge in der Regel vollkommen entgeht. Eventuelle Kritik wird niemals offen geübt. Es ist also nicht leicht, in Schweden alles richtig zu machen, wenn man gar nicht weiß, wie viel (!) man eigentlich falsch machen kann.

Dieses Buch soll Ihnen helfen, die gängigsten Fehler im Umgang mit unseren sympathischen nördlichen Nachbarn zu vermeiden. Es zeigt Ihnen mithilfe exemplarischer Fallgeschichten über Herrn Müller und seine Familie die gewöhnlichsten Fettnäpfchen, in die man als Besucher und Einwanderer in Schweden tappen kann. Die gesamte Familie Müller – Klaus, Petra und die Kinder Max und Klara - müssen während ihres unaufhaltsamen Weges von Fettnäpfchen zu Fettnäpfchen feststellen, dass ihr deutsches Weltbild so gar nicht auf Schweden übertragbar ist - und machen eine Menge neuer, verwunderlicher Entdeckungen über den so ganz anderen ›swedish way of life‹. Der erste Teil dieses Ratgebers richtet sich allgemein an Besucher, der zweite Teil an Einwanderer und im dritten Teil sind sämtliche Fettnäpfchen noch einmal von A – Z aufgelistet, für den schnellen Zugriff unterwegs. Damit Sie als Besucher und Einwanderer in Schweden jederzeit den Eindruck hinterlassen können, den Sie sich wünschen!

Eine kleine Anmerkung zum Schluss: In Nordschweden ist vieles anders und zwischenmenschlich oft weitaus unkomplizierter als in den südlicheren Teilen des Landes. In Nordschweden besucht man einander z. B. auch unangemeldet und ist insgesamt weniger förmlich, vorsichtig und zurückhaltend. Die meisten der in diesem Buch geschilderten Ausführungen, besonders jene zu Besuchen und nicht berufsbezogener Kommunikation, sind vor allem auf die von Besuchern und Einwanderern vorwiegend angesteuerten Landesteile Süd- und Mittelschweden bezogen.

Delia Kübeck

Teil 1

Fettnäpfchen
für Besucher in Schweden

Allemansrätten

Die grenzenlose Freiheit?

Ein herrlicher, heißer Juli-Tag heute. Einer von diesen zauberhaften schwedischen Sommertagen mit strahlender Sonne und kleinen weißen Schäfchenwolken, die am blitzeblauen Himmel so unendlich sachte dahintreiben. Das ganze Land ist grün und saftig, die ochsenblutfarbenen Häuschen leuchten im Sonnenschein, die Obstbäume reifen und tragen schon ordentlich, die Seen glitzern silbern und so lockend durchs Gebüsch, sodass man sich geradewegs hineinstürzen will.

Ein idealer Tag für Ausflüge in die Umgebung – und genau deswegen will Familie Müller heute zum ersten Mal die Nachbarschaft erforschen. Obwohl, Nachbarschaft ist gut, in der Nähe ihres Ferienhauses gibt es ja weit und breit keine Nachbarn, also zockeln sie einfach ein bisschen mit dem Auto in der Gegend rum.

Überall Wälder, Felder, Wiesen, Gewässer – und kein einziger Mensch zu sehen, das muss man sich mal vorstellen! Auch gibt es nirgendwo Zäune oder gar Verbotsschilder, wie lang und wohin man auch fährt! Max und Klara sind begeistert, wollen unbedingt aussteigen und drauflos rennen. Vergnügt sausen sie raus aus dem Auto und laufen los, das Ehepaar Müller etwas gemächlicher hinterher.

»In Schweden darf man ja überall hingehen«, hat Frau Müller ihren Kindern erklärt »*allemansrätten* heißt das, man darf alle Grundstücke betreten, sogar Privatgrundstücke, also jeder ist immer überall willkommen. Fortschrittlich, sag ich nur! Sollten sie bei uns auch mal erfinden!«

An einigen Weiden auf ihrem Weg gibt es zwar Gatter, diese sind aber nicht verschlossen und ganz leicht zu öffnen. Tiere sind keine zu sehen, vermutlich ist es zum Weiden zu heiß. Max öffnet freudestrahlend das schwere alte Holzgatter und knöpft verschmitzt, ganz wie Michel aus Lönneberga, jedem Mitglied der Familie erst einmal ein paar Kronen ab, bevor es passieren darf. Da aber keiner bereit sein wird, auf dem Rückweg ein zweites Mal für die Passage zu zahlen, lässt Max das Gatter halt offen, sie kommen ja bald zurück.

Familie Müller spaziert also frohgemut weiter in den nächsten Wald. Ein richtiger Wald ist das noch, nicht so wie Daheim, wo ein Verbotsschild auf drei Baumreihen kommt. Dieser Wald ist tiefgrün, riesengroß, verwunschen und wirkt wie von Menschenhand unberührt, Herrn Müller wird richtig romantisch zumute.

»Guck mal, Klaus«, ruft Frau Müller, »hier wachsen sogar massenhaft echte Orchideen, könnt' ich doch ein paar mitnehmen für Tante Lotte, die ist doch ganz verrückt danach!«

Und schon holt sie einen Löffel aus der Picknicktasche und gräbt drauflos. Sieben Orchideen müssen dran glauben, dann ist Frau Müller zufrieden, steckt die Pflanzen in eine Plastiktüte und strahlt ihren Mann an.

»Papaaaa, dürfen wir Feuer machen?« schreien Max und Klara, und bevor Herr Müller überhaupt was sagen kann, hört man lautes Knacken, da brechen sie schon jede Menge Feuerholz von den Bäumen.

»Kinder, so geht das nicht, das ist viel zu feucht, das brennt nicht«, sagt er und denkt für sich ›aber ist ja für unsere Stadtkinder das erste Mal so richtig im Wald, da muss man Nachsicht haben…‹ – »Hört mal, Ihr zwei, im Wald darf man aber kein Feuer machen, schleppt das Holz bitte auf die Wiese am Waldrand!«

Max und Klara nicken vergnügt, sie sind ganz in ihrem Element und errichten einen riesigen Holzhaufen auf der Wiese.

»Das wird das reinste Osterfeuer, na ja, wenn's denn brennt. Man will ja den Kindern die Freude nicht verderben«, sagt Frau Müller zu ihrem Mann.

Gemeinsam sitzt die Familie wenig später rund um das qualmende Inferno (natürlich brennt es nicht richtig) und grillt mühsam die Würstchen aus dem ICA, *varmkorv** heißen die, schlappe süße weiche Dinger, herzhaft ist etwas anderes. Frau Müller hat *limpa* gekauft, schwedisches Brot, schmeckt auch süß, ja, sogar der Senf ist ein süßer – also irgendwie haben's die Schweden ja mit dem Zucker. Na ja egal, nun sind sie alle satt – jetzt geht's weiter; da waren vorhin doch so schöne kleine Waldwege, die muss Herr Müller mal genauer untersuchen. Er hat ja schon immer was von einem Entdecker in sich gehabt, hier ist er goldrichtig!

Das Feuer wird also zügig, aber ordentlich durch wildes Austreten und Erde aufschütten ausgemacht, bevor die Familie wieder ins Auto steigt.

---

* *Varmkorv* sind schwedische Brühwürstchen, die man in Wasser erhitzt.

Vor der Einfahrt zum ersten Waldweg hängt rechts ein grüner Mülleimer, wie praktisch, da können sie gleich mal ihre Abfälle entsorgen. Und dann ist da eine leuchtend gelbe Schranke, ist aber gar nicht abgeschlossen, die kann man einfach hochheben – und brumm – schon sind die Müllers auf ihrem Weg ins Abenteuer.

Herrlich – diese Freiheit! Sie brausen den Weg hinunter, ein richtig toller Weg, geheimnisvoll und romantisch, so wie man's gerne hat, rechts und links der Märchenwald, dann links eine Vogeltränke, und plötzlich geradeaus ein rotes Holzhaus, richtig original schwedisch, wie aus dem Bilderbuch! Es wirkt gänzlich unbewohnt, kein Auto und kein Mensch zu sehen. Und dahinter, da glitzert doch tatsächlich ein See.

»Bezaubernd«, frohlockt Frau Müller und steigt gleich aus, »das muss ich unbedingt fotografieren!« Fotografieren ist ihr Hobby, und so wartet die Familie eine geschlagene halbe Stunde, bis sie ihr Motiv von allen Seiten erfasst hat. Frau Müller guckt neugierig in die Fenster und drückt sich dabei ihre Nase platt.

»Nein wie niedlich, kommt mal alle her, also diese Einrichtung, Schatz, können wir so was nicht auch haben?«

Ja wirklich, die Schweden haben einfach Geschmack, das muss man ihnen lassen, ganz helle Räume, überall antike Holzmöbel, so wie auf den Bildern von Carl Larsson, richtig Klasse!

»Wo wir schon mal da sind, können wir ja eigentlich genauso gut an den See gehen«, meint Herr Müller. »Mist, an Badezeug hat natürlich keiner gedacht – aber was soll's, uns sieht ja eh keiner!«

Eins, zwei, drei – runter mit den Klamotten – und schon toben die Müllers, fröhlich und nackt, wie Gott sie schuf, an einem der schönsten Privatstrände Schwedens herum!

»Das muss man sich mal vorstellen, ein Grundstück, das gleich an den See grenzt, der pure Luxus«, bemerkt Frau Müller. »Die haben es gut, die Schweden! Kein Wunder, dass die immer so gut drauf sind! Und guckt mal da, ein Boot liegt auch am Strand, ja und nicht etwa angebunden! So was brauchen die nämlich hierzulande nicht. Klaut ja keiner – die Schweden, die sind ehrlich! Aber leihen darf man es sicher mal!«

Gesagt, getan – ein Müller nach dem anderen klettert also rein ins schwankende Boot, kurz danach stechen Sie in See, ein Gefühl ist das, wie bei Robinson Crusoe! Der See liegt still und leuchtet in der Sonne, die Vögel singen, die umliegenden Wälder duften nach Sommer. Kann das Leben schöner sein? Da fällt Herrn Müller ein, er hat doch Max' Taschenangel eingepackt, es müssten ja jede Menge Fische im See sein, wo doch weit und breit keiner da ist, der sie fängt! Abendessen am See mit selbst gefangenem Fisch – das wär' der Himmel auf Erden!

Max und Klara schaukeln fröhlich das Boot, spritzen mit Wasser und kreischen begeistert, sodass ihr Echo über den ganzen See zu hören ist. »Seid mal alle still, ihr verscheucht ja unser Abendessen«, mahnt Herr Müller und wirft die Angel aus. Zuhause angelt er zwar auch gelegentlich, aber mit solch einem See kann der heimische Fluss natürlich nicht mithalten. Und siehe da, nach einer Weile (die Kinder sind tatsächlich still!) geht ein kräftiger Ruck durch die Angel, da hat doch wirklich einer angebissen! Herr Müller zieht und zieht - einen schönen großen fetten Barsch aus dem See!

Die Kinder und Frau Müller jubeln und klatschen begeistert in die Hände – Papa ist einfach der Größte! Nun muss nur noch ein guter Platz zum Feuermachen gefunden werden. Ein paar hundert Meter weiter gibt es Felsblöcke am Ufer, einer davon ist platt und sieht sogar groß genug aus für ein schönes Feuerchen im Familienkreis – also frisch drauflos gerudert.

Beim Felsen angekommen, sammeln die Kinder gleich eifrig Stöcke und Treibholz, und Klara steckt im Nu das Feuer an. Als es ordentlich brennt, spießt Herr Müller den geschuppten Fisch auf einen Stock und brät ihn über der knisternden Flamme. Welch' ein Schmaus!

Alle sind selig. »Das nenn' ich mal wirklich Urlaub«, sagt Frau Müller, »leben wie Robinson Crusoe – und mein Mann kocht!«

Überall hingehen dürfen – und dabei maßhalten

Es ist Familie Müller aus dem Land der Schilderwälder wohl nicht zu verübeln, dass sie in Unkenntnis genauerer Details das menschenfreundliche und großzügige schwedische *allemansrätten* (Jedermannsrecht) etwas überstrapaziert. So ist es Max Müller zum Beispiel zwar gestattet, an Weiden Tore und Gatter zu öffnen; diese hätte er jedoch unbedingt wieder verschließen müssen, damit eventuell vorhandene Tiere nicht entlaufen können. Denn schwedische Weiden sind oftmals sehr groß, im Sommer ruhen die Tiere unter Bäumen am Waldrand und sind daher meist nicht auf den ersten Blick sichtbar. Nicht wenige entlaufene Tierherden gehen auf das Konto unwissender Touristen...

Auch darf Frau Müller durchaus Blumen und andere Gewächse pflücken – sofern sie nicht unter Naturschutz stehen. Doch Orchideen, wiewohl sie in Schweden häufig vorkommen, zählen zu den geschützten Gewächsen und dürfen weder gepflückt noch ausgegraben werden. Die kleine Freude für Tante Lotte könnte also Frau Müller bei Entdeckung einen ganz schönen Batzen Geld kosten...

Das Feuermachen ist in Schweden in großen Landesteilen wegen Brandgefahr von Mai bis Oktober verboten bzw. nur an bestimmten, gesicherten Feuerplätzen gestattet. Letzteres ist in Naturparks immer der Fall. Verstöße und Brände, die sich aus Missachtung des Feuerverbots ergeben, werden in Schweden mit Geldstrafen und Gefängnis bis zu zwei Jahren bestraft! Auch dürfen zum Feuermachen keineswegs Äste von Bäumen oder Büschen abgebrochen, sondern nur herabgefallene Äste oder angeschwemmtes Holz verwendet werden. Und ganz unabhängig von der Jahreszeit darf auf Felsblöcken und Klippen überhaupt kein Feuer entzündet werden, da diese aufgrund der heißen Temperaturen bersten können.

All die vielen romantischen Waldwege in Schweden machen natürlich neugierig und laden zur näheren Erkundung ein. Doch Familie Müller hätte besser gewusst, dass es sich bei den typischen viereckigen Behältern am Beginn des Weges keineswegs um Mülleimer, sondern um Briefkästen handelt, die unzweifelhaft darauf hindeuten, dass dort jemand wohnt, wenn auch gegebenenfalls nur zeitweilig. Ist gar eine Schranke vorhanden (und sei sie auch unverschlossen) ist dies

ganz unmissverständlich als Bitte um Respekt der Privatsphäre und als Durchfahrtverbot aufzufassen – und keinesfalls als leicht überwindbares Hindernis zum Gegenstand der
Entdeckerfreude.

Das *allemansrätten* gestattet zweifellos das Betreten und
Überqueren (zu Fuß, per Rad oder zu Pferde) von Privatgrundstücken – und gegebenenfalls sogar das Zelten – sofern
es nicht in Sichtweite des Eigentümerhauses/-gartens stattfindet. Die Annäherung Fremder an den privaten (und in Schweden meist nicht eingezäunten) Garten und an das Privathaus
des Eigentümers ist ein absolutes No-Go (sofern nicht ein
Notfall vorliegt und der fremde Besucher z.B. um Hilfe bitten
möchte). In Schweden gilt bereits der Blick ins Fenster des
Nachbarn als eine Art visueller Hausfriedensbruch. Als noch
weitaus ärgerlicher werden daher Touristen empfunden, die
ihren mangelnden Respekt vor der Privatsphäre des Eigentümers durch Betreten des Gartens am Hause bzw. durch Haus-
besichtigung via Fensterscheibe bekunden – auch wenn das
Haus (jedenfalls in den Augen der Touristen) leer steht. Eine
solche Verhaltensweise erfüllt in Schweden eindeutig den
Tatbestand des Hausfriedensbruchs. Familie Müller hätte
also zum einen gar nicht erst in den durch eine Schranke
gesperrten Waldweg hineinfahren dürfen bzw. sofort umkeh-
ren müssen, als das Privathaus in Sicht kam.

Aus den gleichen Gründen ist es natürlich vollkommen
unangebracht und nicht gestattet, ohne Erlaubnis in Abwesenheit des Besitzers dessen Seegrundstück am Haus und
darüber hinaus auch noch dessen Boot zu nutzen. Tatsache
ist, dass nicht wenige Touristen – in Verkennung der eindeu-

tigen Aussagen des *allemansrätten* – genauso vorgehen, was in Schweden sehr verübelt und als freche Selbstbedienungs-Mentalität der ausländischen Gäste ausgelegt wird.

Das gilt ebenfalls fürs Fischen im See. Dort hat allenfalls der Besitzer (bzw. eventuelle weitere Nachbarn mit Seegrundstücken) das eingetragene Angelrecht; alle anderen müssen zum einen zunächst um Erlaubnis bitten sowie in den meisten Fällen eine Angelkarte kaufen. Besonders Letzteres wird von Touristen gern und großzügig übersehen. Familie Müller wusste es offenbar nicht besser; aber sie wäre umgekehrt sicher nicht erfreut, wenn sich plötzlich ein schwedischer Gast in ihrem heimischen Garten breitmachte, neugierig in alle Fenster schaute und dann fröhlich im hauseigenen Teich fischte, ohne überhaupt um Erlaubnis zu fragen. Ein solch ungebührliches (und in Schweden unverzeihliches) Verhalten wird ja nicht besser, wenn es in Abwesenheit des Eigentümers geschieht.

So kommen wir schließlich zum Feuermachen auf Felsbrocken (und Klippen). Dazu bezieht das *allemansrätten* ganz eindeutig Stellung: Es ist im ganzen Lande verboten, und zwar immer. Denn durch Feuereinwirkung geborstene Felsbrocken oder Klippen können niemals wiederhergestellt werden. Hoffen wir, dass Familie Müller es beim nächsten Mal besser macht.

Die große Freiheit – rücksichtsvoll und behutsam zu genießen

Wenn man Schweden fragt, welche Verhaltensweise deutscher und anderer Touristen sie im eigenen Lande am meisten irritiert, erhält man überall fast durchweg die gleiche (und mit einer gewissen Bitterkeit vorgetragene) Antwort: das Über-strapazieren des *allemansrätten*! Man klagt darüber, dass die Touristen einfach überall hingehen, keine Rücksicht nehmen, Weidengatter öffnen, ohne sie wieder zu schließen, in alle kleinen Wege hineinfahren, Schranken nicht respektieren, zu nah und zu lange an Privathäusern zelten, dass sie laut und unüberhörbar in Wald und Flur umher trampeln, Feuer machen, wann, womit und wo es ihnen passt, dass sie wild (ohne Angelkarte) fischen, geschützte Pflanzen und auch Vogeleier mitnehmen und nicht zuletzt Müll in der Natur hinterlassen. Das von den ausländischen Besuchern oft großzügig ausgelegte *allemansrätten* scheint in deren Augen offenbar ein solches Verhalten zu legitimieren.

Für Besucher und neu hinzugezogene in Schweden ist das schwedische *allemansrätten* (Jedermannsrecht) in der Tat eine ganz herrliche Errungenschaft, für viele gleichbedeutend mit nahezu uneingeschränkter Bewegungs- und Verhaltensfreiheit in Wald und Flur, auf Grundstücken und Gewässern. Nichtvorhandene Zäune, Abgrenzungen und Verbotsschilder scheinen diese Annahme eindrucksvoll zu bestätigen. Endlich einmal überall hingehen dürfen, endlich einmal keine Einschränkungen wie zuhause – und freie Bahn vor allem auch für die Kinder! Dass alle diese Rechte auch gewisse Pflichten mit sich bringen, ist vielen nicht bekannt.

Das *allemansrätten* (Jedermannsrecht)

Das Recht, sich in Schweden frei in Feld und Flur zu bewegen und unterwegs z.B. Nüsse zur Selbstverpflegung pflücken zu dürfen, geht bereits auf das Mittelalter zurück. Der eigentliche Begriff *allemansrätten* wurde dagegen erst um 1948 geprägt, als eine schwedische Untersuchungskommission nach Möglichkeiten suchte, den Bewohnern der wachsenden Städte einen unkomplizierten Zugang zur Natur im Rahmen ihrer Freizeitgestaltung zu ermöglichen. 1994 wurde das *allemansrätten* dann in das schwedische Grundgesetz eingeschrieben. Dort ist im Kapitel über grundlegende Freiheiten und Rechte u.a. Folgendes zu lesen: »Alle Bürger sollen freien Zugang zur Natur gemäß dem *allemansrätten* haben.« Das *allemansrätten* selbst ist jedoch kein Gesetz – und sein Inhalt und Umfang in keiner Weise gesetzlich festgelegt. Vielmehr hat es sich einfach schrittweise im Laufe der Zeiten als Gewohnheitsrecht etabliert.

Das *allemansrätten* gestattet:

- Sich frei und ohne Erlaubnis zu Fuß, mit dem Rad oder zu Pferde in der Natur bzw. auf dem Grund und Boden eines anderen aufzuhalten. Davon ausgenommen ist die Annäherung an Wohnhäuser und deren umgebende (auch uneingezäunte) Gartengrundstücke, das Betreten von Getreidefeldern (außer im Winter), von Waldpflanzungen mit Jungpflanzen sowie das Überqueren von Anpflanzungen aller Art und von Golfplätzen. Das Reiten auf weichen Untergründen sollte zum Schutze des Erdbodens vermieden werden.
- Privatwege zu Fuß, mit dem Rad oder zu Pferde zu erkunden (in ausreichendem, gebührlichen Abstand zu eventuellen

Wohnhäusern/ Grundstücken). Das Befahren von Privatwegen mit motorisierten Fahrzeugen ist verboten.

- Zum Angeln einen Bootssteg außerhalb eines Privatgrundstücks zu benutzen.

- Wild wachsende Beeren, Blumen, Pilze zu pflücken, sofern diese nicht unter Naturschutz stehen bzw. auf Privatgrundstücken in der Nähe eines Hauses wachsen. Weiterhin ist es gestattet, auf offenbar gänzlich verlassenen, stark verwilderten Grundstücken z.B. Äpfel, Pflaumen, Kirschen und Beeren zu pflücken.

- Unter sicheren Bedingungen (z.B. auf Kies- oder Sandboden oder an eigens dafür eingerichteten Feuerstellen – aber niemals im Wald, auf Moos- oder Torfboden oder auf Felsen/Klippen) ein Feuer in der Natur zu machen, dieses jedoch nur, wenn das Feuermachen nicht gerade jahreszeitlich bedingt offiziell verboten ist (häufig von Mai bis Oktober). Zum Feuermachen dürfen herabgefallene Äste, Zweige, Tannenzapfen, Rinde und angeschwemmtes Holz verwendet werden. Keinesfalls darf Brennmaterial von lebenden Bäumen und Büschen abgebrochen werden.

- Für eine Nacht in der freien Natur zu zelten, allerdings nicht in Sichtweite eines Wohnhauses oder auf landwirtschaftlich genutzten Flächen. In Naturparks ist das Zelten praktisch nur auf dafür eingerichteten Plätzen gestattet.

- Mit dem Wohnmobil oder dem Wohnwagen maximal 24 Stunden auf Rastplätzen und beschilderten Parkplätzen an öffentlichen Wegen zu parken, an Samstagen/

Sonn- und Feiertagen auch bis zum nächsten Werktag. Es ist hingegen nicht gestattet, mit dem Auto, dem Wohnmobil oder dem Wohnwagen ins freie Gelände (z.B. Strände, Wiesen, Weiden, Wald) zu fahren bzw. dort zu parken.

- An Stränden zu baden, nahezu überall Boot zu fahren, anzulegen und auch eine Nacht im Boot zu übernachten, sofern kein Grundstücksbesitzer in der Nähe gestört wird. Bootsbesitzer dürfen an Land gehen, baden, ankern und an Ufern anlegen, die zu keinem Grundstück gehören bzw. nicht unter Naturschutz stehen. Wer länger als eine Nacht mit dem Boot am Grundstück/Bootssteg eines anderen anlegen möchte, muss dazu die Erlaubnis des Eigentümers einholen.

Detaillierte Informationen zum *allemansrätten* (auf Deutsch) finden Sie auf folgender Internetseite des schwedischen Naturvårdsverkets:

http://www.naturvardsverket.se/en/In-English/Menu/Enjoying-nature/Das-Jedermannsrecht

Im Restaurant

Ein Kellner namens Godot

Heute hat bei den Müllers einfach keiner Lust zu kochen, daher steht mittags ein Ausflug ins Restaurant an. Denn es gibt tatsächlich eines, das jetzt im Sommer mittags geöffnet ist, hat Frau Müller im *turistbyrå**
der nächsten Kleinstadt herausgefunden. Es ist zwar eine dreiviertel Stunde Fahrt bis dorthin, die schöne Landschaft entschädigt jedoch bestens für den langen Anfahrtsweg.

Das Restaurant befindet sich im idyllischen kleinen Städtchen Mariefred, das direkt am See Mälaren gelegen ist. Da hier ja auch Tucholsky begraben ist, zieht es jahrein-jahraus viele Touristen dorthin, besonders deutsche. Der Parkplatz ist voll mit Autos aus aller Herren Länder und vor dem Restaurant ist eine Tafel aufgeklappt, auf der die preiswerten Mittagsmenüs des Tages – *dagens rätt* – aufgeführt sind.

Familie Müller tritt ein, schaut sich suchend um und grüßt dann mit einem freundlichen »*Hej!*« das Personal hinter der Theke. Ihr Gruß bleibt jedoch unerwidert, offenbar hat man zu viel zu tun. Kein Wunder, im Restaurant ist ordentlich was los. Stimmengewirr, Geplauder, Geschirrklappern und viele besetzte Tische. Zum Glück findet sich für Familie Müller noch ein freier Tisch, sie nehmen

* Touristen-Information

Platz und warten auf die Bedienung. Zu ihrer Verwunderung nimmt jedoch überhaupt niemand Notiz von ihnen, das Personal sammelt stattdessen gemächlich Tabletts mit benutztem Geschirr ein. Den Müllers knurrt der Magen, besonders den Kindern, und nach einer Weile wird es Herrn Müller zu bunt. Er geht auf ein junges Mädchen im Kellnerdress zu, das gerade Tabletts in einen Rollwagen verfrachtet, und spricht sie an: »*Excuse me, we are waiting for more than 30 minutes now, yet no waiter appeared at all. Vi vill gärna beställa mat!*«[*]

»*Oh*«, antwortet sie freundlich, »*you will have to stand in line at the pay desk first, then pay your meals in advance and pick them up yourselves.*«

Ach so, erst an der Kasse bezahlen und dann selbst das Essen holen, da hätten sie ja noch ewig warten können! Aber lange warten, das müssen sie jetzt auch, denn die Schlange an der Kasse ist sehr lang – und die Dame an der Kasse sieht offenbar keinen größeren Anlass zur Eile, sondern tippt ganz gemütlich alles ein und kassiert langsam und sorgfältig. Was will man machen, Alternativen gibt es keine, also stellt sich Familie Müller wohl oder übel an.

Max und Klara maulen jetzt unüberhörbar und beschweren sich lauthals über den lausigen Service; nur gut, dass sie es auf Deutsch tun, denn besonders freundliche Worte für das Personal finden sie nicht gerade. Beide Kinder sind nun schon so hungrig und gereizt, dass sie zu streiten beginnen und einander knuffen.

---

[*] Wir möchten gern etwas zu essen bestellen.

»Ob das mal so eine gute Idee war mit dem Restaurant?«
sagt Herr Müller, »in dieser Schlange sind wir ja verhungert,
bevor wir was kriegen!«

Frau Müller seufzt schicksalsergeben: »Wahrscheinlich
muss man dazu Schwede sein, die werden wohl schon in der
Warteschlange geboren und kennen das nicht anders...«

Nach einer Weile – die den Müllers endlos vorkommt –
sind sie endlich dran und bezahlen einen für ihre Verhältnisse erstaunlich kleinen Preis für vier komplette Mittagsmenüs inklusive Salatbuffet, Warmgericht, Nachtisch, Kaffee,
Getränke, Brot und Butter. Gar nicht so schlecht, dieses *dagens
rätt* – noch dazu darf man sich auch vom Warmbuffet offenbar so viel nehmen, wie man will. Das versöhnt ein wenig mit
dem langen Warten und Anstehen; fröhlich gehen die hungrigen Müllers ans Werk und schaufeln sich ihre Teller voll.

Erst einmal einen gesunden Berg Salat, wegen der Vita-
mine. Die Salatteller sind ja hier ganz schön klein, da muss
man schon in die Höhe bauen – nur schade, dass dann gleich
die ganze Salatsauce überläuft. Aber wofür gibt es Servietten
– von denen dann Klara auch gleich einen dicken Stapel mit
an den Tisch bringt. Klugerweise hatten sie zuvor sämtliche
Stühle am Tisch mit ihren Jacken belegt, daher ist dieser jetzt
zum Glück immer noch frei. Müllers nehmen also Platz und
lassen es sich schmecken. Endlich was zu essen!

Als die Salate genüsslich verschmaust sind, geht es zum
Warmbuffet. Dort gibt es sechs verschiedene Gerichte in
metallenen Warmhaltebehältern, dazu gekochte oder gebra-
tene Kartoffeln, Reis und Nudeln, alles beliebig zu kombinie-
ren. Das ist ja eine ganz schöne Auswahl für so wenig Geld;

bei so hungrigem Magen fällt die Entscheidung allerdings viel zu schwer, also probiert man am besten gleich alles aus. Auf den Tabletts der Müllers häufen sich innerhalb kürzester Zeit Teller mit *Pyttipanna*, Fischgratin, Pfannkuchen mit Speck, Fleischklößchen und Schweinerücken, alles gleichzeitig. Die Beilagen haben kaum noch Platz, von den jeweiligen Saucen ganz zu schweigen. Vorsichtig bugsiert Familie Müller ihre prall gefüllten Teller zum Tisch zurück – hach, endlich was Warmes in den Bauch! Max und Klara schmecken die Pfannkuchen nicht, schon gar nicht mit Speck – haben die denn hier keine Heidelbeeren dazu oder wenigsten Apfelpfannkuchen? Aber die Fleischklößchen, die sind toll, auch das Fischgratin ist eine Wucht – bald ist Familie Müller wieder bester Stimmung.

Max schleppt laufend neue Getränke heran, beim nächsten Mal nimmt er gleich die ganze Kanne Saft mit, dann braucht er nicht so oft zu laufen. Herr Müller genehmigt sich zufrieden ein paar Leichtbier, die ebenfalls im Preis inbegriffen sind. Schließlich steht der Nachtisch auf dem Plan, es gibt einen Desserttisch mit Rhabarberkuchen mit Schlagsahne, Kekse und dazu Kaffee, Tee oder Saft. Köstlich! Auch vom Kaffee darf man ja so oft nehmen, wie man möchte, das kostet nichts extra, auch wenn es jeweils mehrere Tassen sind wie bei Klaus und Petra Müller. Die Kinder baggern mit Vergnügen große Mengen Rhabarberkuchen auf ihre kleinen Dessertteller, dazu benutzt man in Schweden einen Esslöffel statt eines Tortenhebers, das macht es viel einfacher für Kinderhände. Und natürlich ordentlich viel Sahne obendrauf! Lecker!

Nun ist allen Müllers wieder richtig wohl zumute und ein lebhaftes Gespräch über die Nachmittagspläne entspinnt sich zwischen Eltern und Kindern. Am Nachbartisch sitzen auch Deutsche, eine sechsköpfige Familie; die Erwachsenen prosten den Müllers zu und eröffnen damit eine lockere Unterhaltung: woher man kommt, wo genau man Ferien macht, und was es hier alles Tolles zu erleben und zu sehen gibt. Jede Familie hat natürlich die besten Tipps und man überschlägt sich förmlich mit Empfehlungen und Ratschlägen, allerhand Geheimtipps und Sachen, die man lieber bleiben lassen sollte.

Ein fröhliches deutsches Stimmengewirr erfüllt das Restaurant, das nicht gerade leiser wird, obwohl beide Familien nach einer Weile ihre Tische zusammenrücken. Im Verlaufe der Unterhaltung kommt heraus, dass sie in Deutschland quasi Nachbarn sind und eines ihrer Kinder die gleiche Schule wie Klara Müller besucht. Das ist doch ein toller Zufall, da gibt es viel zu erzählen! Die Warteschlange im Restaurant ist zwar noch immer nicht kürzer geworden, im Gegenteil, aber die Müllers und ihre neuen Bekannten haben ja ihren Warteanteil schon reichlich geleistet – und nehmen sich daher jetzt erst mal richtig Zeit für Gemütlichkeit nach dem Essen!

Als nach einer guten Stunde alle Tipps, Adressen und Telefonnummern ausgetauscht sind, verabschieden sich Müllers von den anderen, die gemeinsam mit ihnen aufbrechen und das Restaurant verlassen. Um die abgegessenen Tabletts kümmert sich ja das Personal, denn das ist ja offenbar das Einzige, was die hier machen. Daher jetzt nichts wie raus in den strahlend schönen Nachmittag – denn heute geht es an den Strand!

Hunger macht »blind«?

Wie so viele andere Besucher in Schweden huldigt auch Familie Müller aus Gewohnheit dem Servicegedanken und erwartet im Restaurant Bedienung. In den schwedischen Lunchrestaurants kann man jedoch lange darauf warten, denn Selbstbedienung ist dort die Regel. So mancher Besucher hat sich schon aufgrund zu langer Wartezeit verstimmt an das Personal gewandt und seinem Ärger Luft gemacht. Herr Müller ist damit also durchaus nicht der Einzige. Da alle gern preiswert essen – und Schweden praktisch nie auf ihren Lunch verzichten – hätten die hungrigen Müllers am besten gleich zu Beginn der Mittagszeit (meist zwischen 11 und 14 Uhr) das Restaurant betreten, um die langen Warteschlangen zu vermeiden. Sie hätten auch besser nicht vorsorglich Tisch und Stühle »blockiert«, um nicht sofort als vermutlich typisch deutsche, egoistische Touristen aufzufallen, die für solches Verhalten ja nicht nur in Schweden recht bekannt sind. Die Teller vollzuschaufeln und Getränke gleich kannenweise zu entführen, ist in schwedischen Augen eine ausgesprochene Unart, desgleichen das wiederholte Nachfüllen der Kaffeetassen, wie es Herr und Frau Müller praktizierten. Kritik am Personal wird in der Regel verstanden, auch wenn sie auf Deutsch erfolgt – wieder ein Fettnäpfchen! Auch Müllers lautstarke Unterhaltung mit ihren Landsleuten vom Nebentisch wird in Schweden unfehlbar als rücksichtslos und unfein gewertet. Dass Müllers darüber hinaus in der mittäglichen Stoßzeit trotz großen Gästeandrangs stundenlang an ihrem Tisch sitzen bleiben, macht die Sache nicht besser, sondern wird von Schweden in der Regel als weiteres Indiz für dickfellige Rücksichtslosigkeit gewertet.

Der Ablauf im Lunchrestaurant:
Vorkasse, Selbstbedienung, Platz nehmen

Wie so oft in Schweden gilt auch in Restaurants und Cafés meist das Do-it-yourself-Prinzip (außer beim Restaurantbesuch am Abend). Im Zweifelsfall schaut man sich erst einmal um und guckt, wie es die anderen Gäste machen. Man wartet nicht auf eine Bedienung, sondern holt sich sein Essen bzw. seinen Kaffee (nach vorheriger Bezahlung an der Kasse) selbst und sucht sich dann einen Platz. Vorheriges Beschlagnahmen von Tischen und Stühlen mittels großzügig ausgebreiteter Jacken und Taschen gilt als unfein und wird eigentlich nur von Ausländern praktiziert. Negative Kommentare über den Service oder die Wartezeiten werden übrigens in der Regel von Schweden verstanden, auch wenn sie auf Deutsch erfolgen. Wer das nicht möchte, sollte sich diesbezüglich vielleicht besser zurückhalten.

Vom Salatbuffet und vom Warmbuffet kann man sich mehrmals bedienen, daher sollte man es den Schweden nachtun und nicht zu große Portionen auf einmal auf den Teller häufen, um nicht als ungehobelter Gierschlund dazustehen. Auch von den Getränken nimmt man nicht kannenweise – und wenn es noch so praktisch ist – sondern jeweils nur ein Glas – damit auch die anderen Gäste zum Zuge kommen.

Die Möglichkeit, kostenlos Kaffee nachzufüllen (*påtar*), sollte man nicht überstrapazieren (es gibt nicht wenige

Schwedenbesucher, die bis zu zehn zusätzliche Tassen Kaffee trinken, nur weil sie gratis sind). Schweden nehmen in der Regel höchstens eine weitere Tasse Kaffee.

Trifft man Landsleute aus der Heimat im Restaurant oder besucht man es zusammen mit Freunden, ist das natürlich eine prächtige Gelegenheit, sich auszutauschen. Aus Rücksicht auf die anderen Gäste und das normale (niedrige) schwedische Lautstärke-Level ist man gut beraten, die Unterhaltung nicht allzu lautstark zu führen, um kein – schweigendes – Missfallen zu erregen.

Auch ist es in Schweden (außer gegebenenfalls beim gemütlichen Abendessen) nicht üblich, nach dem Verzehr der Speisen noch stundenlang am Tisch sitzen zu bleiben. Man speist und geht – und macht somit Platz für nachrückende Gäste, insbesondere in der Mittagszeit.

Leer gegessene Teller und Tabletts mit benutztem Geschirr stellt der Mittags-Gast normalerweise selbst zurück in die dafür vorgesehenen Rollwagen. Service gibt es in den Restaurants meist nur am Abend; da ist dann auch das gleiche Essen unter Umständen doppelt bis dreifach so teuer wie am Tage.

Übrigens: Trinkgelder werden nicht erwartet, sondern sind bereits im Rechnungsbetrag enthalten.

Am Strand

Von der Kunst, Abstand zu wahren

»Hach!« Frau Müller blinzelt vergnügt in die Sonne, als die Familie den lang gestreckten weißen Sandstrand des benachbarten Sees erreicht, »einfach herrlich, so viel Platz! Das ist ja gar kein Vergleich zu den Stränden im Süden, wo es von Touristen nur so wimmelt! Warum sind wir eigentlich nicht früher darauf gekommen, unseren Urlaub in Schweden zu verbringen?«

»Meine Liebe«, erwidert Herr Müller lächelnd, »darf ich Dich daran erinnern, dass Du es warst, die jedes Mal vor entsetzlichen Mückenplagen und eiskalten Sommern gewarnt hat, wenn ich überhaupt das Wörtchen ›Schweden‹ nur mal fallen ließ...?«

»Ja, ja«, muss Frau Müller gestehen, »Du hast recht. Aber kann ich was dafür, dass sie uns schon in der Schule immer eingepaukt haben: Norden ist kalt und Süden ist warm? Und dann immer alle diese Bilder von Schnee und Rentieren und Menschen in dicken Klamotten. Ich frier halt nicht gern! Irgendwie dachte ich immer, Schweden wär' das reinste Survival-Camp, den ganzen Tag entweder frieren oder Mücken totschlagen – und dann womöglich auch noch sein Essen selber jagen. Und jetzt das: 30 Grad im Schatten, trotzdem frische Luft, die tollsten Seen, Strände ohne Ende und kaum ein Mensch zu sehn. Und die paar Mücken abends, also, das hab' ich mir schlimmer vorgestellt!«

»Ich weiß. Du bist halt mein kleines Panikorchester auf zwei Beinen«, grinst Herr Müller. »Aber nun lass' uns mal einen schönen Platz suchen!«

Klara und Max braucht man das nicht zweimal sagen, schon sausen sie fröhlich kreischend drauflos Richtung Ufer, beide mit prall gefüllten Rucksäcken, Strandspaten und riesigen Wasserpistolen bewaffnet. Max hat seinen Ghettoblaster dabei, Klara ihren DVD-Spieler, denn »Urlaub ohne Technik, das geht gar nicht«, hatten sie ihre Eltern vor der Abreise aufgeklärt. »Mensch-ärger-Dich-nicht, basteln und malen – also wisst Ihr, aus dem Alter sind wir wirklich raus!«

Am kilometerlangen feinen Sandstrand sitzen, in großem Abstand voneinander, ein paar wenige Familien auf Decken und in mitgebrachten Liegestühlen, offenbar schwedische Familien, jedenfalls den Gesprächsfetzen nach zu urteilen, die zu den Müllers herüberdringen. Ja, außer ein paar Gesprächsfetzen hört man von denen eigentlich gar nichts, kein Geschrei, kein Geplärre, keine Musik. Wie angenehm! Max und Klara steuern schnurstracks einen Platz direkt vor einer der anderen Familien an, denn dort ist eine kleine flache Bucht, wo das Seewasser sicher schon herrlich warm ist.

»Kommt, schnell, bevor der Platz weg ist!« ruft Max zu seinen Eltern herüber, die gemächlich herbei zockeln.

»Davor brauchst Du ja in Schweden nun wirklich keine Angst zu haben«, ruft Herr Müller amüsiert zurück, »hier ist ja buchstäblich Platz wie Sand am Meer!«

Die Kinder haben wirklich eine richtig gute Stelle ausgesucht, und Frau Müller breitet sorgfältig die riesige bunte Decke zwischen der anderen Familie und dem Ufer aus, sodass Familie Müller direkt am Wasser zu sitzen kommt – denn dort ist es natürlich am schönsten. Frau Müller nickt der anderen Familie freundlich zu und sagt in ihrem besten Schwedisch »*God dag! Vilket härlig väder!*«* Ihr Gruß wird zwar höflich und schnell erwidert »*hej hej*«, aber sonst passiert gar nichts, alle Blicke wenden sich sogleich wieder von ihr ab. Nur die Kinder der schwedischen Familie staunen Familie Müller mit großen Augen eine ganze Weile wortlos an.

›Dass die hier aber auch immer alle so still sind, man sollte meinen, dass die im Urlaub vielleicht mal ein wenig mehr aus sich herausgehen, die Schweden‹, denkt Frau Müller. Aber vielleicht kann ein wenig Musik sie ja auflockern, Max schaltet nämlich gerade seinen Ghettoblaster ein, Musik und Sonne, das gehört für ihn einfach zusammen. Max steht auf Reggae, das passt ja perfekt an den Strand. Auch Klara schmeißt ihren DVD-Spieler an, aus dem sogleich Opernklänge ertönen, gegen die der Reggae kaum noch ankommt. Als Max daraufhin seinen Ghettoblaster noch lauter stellt, verdreht Klara entnervt die Augen: »Muss das sein??! Diesen Mist hab' ich jetzt schon vierundzwanzigtausendmal gehört, kannst du dir nicht mal ein bisschen Musikgeschmack zulegen?«

»Du bist ja voll bescheuert!« kontert Max erbost, »den ganzen Tag nervst du rum, glaubste vielleicht, deine ewigen Musicals sind besser? ›*Phantom of the opera*‹, echt was für Halbtote! Mach' bloß das Phantom und lass mich in Ruhe!«

Jetzt reicht es Klara. Mit einem Satz springt sie auf Max los und schon ist eine wilde Rauferei im Gange. Der Sand

* Guten Tag, welch' herrliches Wetter!

spritzt auf und regnet auf die Umsitzenden hinunter, auch die schwedische Familie bekommt ihren Teil ab. Wasserflaschen rollen durch die Gegend, die Kühltasche kippt um und der Sonnenschirm bricht zusammen, während der Ghettoblaster unverdrossen seine Reggae-Schleifen dudelt und das Phantom der Oper innige Liebesschwüre ertönen lässt.

»Schluss jetzt«, brüllt Herr Müller, reißt Klara unsanft am Arm zurück und gibt Max einen leichten Klaps, »jetzt reicht es aber! Wenn Ihr so weitermacht, setzt es ´was, das ist ja nicht zum Aushalten! Gerade erst angekommen und jetzt schon so ein Theater!«

»Das ist deine Disziplin, Klaus«, mischt sich Frau Müller – auf der Suche nach einem Schuldigen für das unangenehme Verhalten der Kinder – lauthals ein, »du lässt den Kindern ja sonst auch immer so viel durchgehen, das hast Du jetzt davon!«

»Also, da hört sich doch alles auf«, schreit Herr Müller zurück, »meine Disziplin? Du bist es doch, die den Kindern den ganzen technischen Kram angeschafft hat! Von mir aus hätte es das nicht gegeben!«

Und schon ist ein ganz prächtiges Ehegezanke im Gange, derweil Max und Klara sich den Sand abklopfen und schnellstens ihre Wasser-Maschinengewehre füllen – denn dieser Krieg ist noch lange nicht vorbei!

Die schwedische Familie auf der Nachbardecke schaut sich dieses Spektakel in Ruhe und ebenso verwundert an, auch alle anderen Familien am Strand äugen still verstohlen zu den Müllers herüber. Dergleichen bekommt man in Schweden sonst nie geboten, und wenn, dann nur gegen Geld, z. B. im

Kino oder im Theater, aber hier, hier bekommen sie nun eine Live-Vorstellung, in allernächster Nähe und vollkommen gratis! Davon werden sie garantiert noch ihren Enkeln erzählen!

Komm' mir nicht zu nah!

Es ist Familie Müller als kampferprobten Sommerurlaubern vielleicht nicht zu verdenken, dass sie sogleich den besten Platz am ganzen Strand ansteuert. Das macht man in vielen Urlaubsregionen so, an deren Stränden zahlreiche andere Touristen schnurstracks das gleiche Ziel verfolgen und ihre Sonnenlager möglichst nah und möglichst schnell am Ufer des Wassers oder auch am Pool errichten – ungeachtet der Nähe zu anderen Strandbenutzern, denen man dadurch gegebenenfalls die Sicht aufs Wasser versperrt oder räumlich und/oder akustisch zu nahe kommt. Massenandrang und Platz-Konkurrenz sind die üblichen Gründe dafür; Urlaubsphänomene, die in Schweden bis auf wenige Ausnahmen (Öland, Bohuslän und Attraktionsparks im Sommer) so gut wie unbekannt sind.

In Schweden ist ein solch ungeniertes Sich-Breit-Machen jedoch nicht nur gänzlich unüblich, sondern wird als überaus befremdliches, unhöfliches Eindringen in die Privatsphäre wahrgenommen. Das Ausbreiten einer Riesendecke in direkter Nähe zur schwedischen Familie wird daher als extrem grober Faux-Pas gewertet, vor allem, wenn ansonsten reichlich Platz vorhanden ist. Dass Familie Müller ihren direkten Strand-Nachbarn damit zusätzlich die Aussicht aufs Wasser versperrt, lässt den – wie immer in Schweden nicht geäußerten

– Groll bis zum Siedepunkt hochkochen und bestätigt vor allem wieder einmal die klassischen Vorurteile gegenüber deutschen Touristen.

Das Gleiche gilt für die lautstarke Beschallung anderer Strandbesucher: Max und Klara hätten lieber Kopfhörer mitnehmen und Rücksicht üben sollen, statt den gesamten Strand mit ihrem jeweiligen Musikgeschmack zu »beglücken«. Donnernde Bedröhnung durch Ghettoblaster und dergleichen kommt zwar in Schweden auch gelegentlich vor, dann aber mit nachvollziehbarem Hintergrund, also z.B. im Anschluss an die Schulabschlussfeier oder in der Walpurgisnacht, zu *Midsommar* und anderen, meist offiziellen Gelegenheiten. In der Regel bleibt man aber überall von derlei akustischen Invasionen verschont.

Dass Kinder sich streiten und auch gelegentlich mal raufen, gehört natürlich auch in Schweden zum Leben, wenn auch das Dezibel-Niveau der schwedischen Streithähne aus unerklärlichen Gründen in der Regel um ein Vielfaches niedriger ausfällt als z.B. in Deutschland. Dass die Eltern im Notfall eingreifen, kommt auch in Schweden vor. Dass sie es allerdings lauthals schreiend tun – so wie in diesem Fall Herr Müller – und dazu auch noch handgreiflich werden, ist in Schweden ein absolutes Unding – und führt übrigens sehr schnell zum Eingreifen des Jugendamtes. Jegliche Form der körperlichen (und seelischen) Bestrafung von Kindern gilt in Schweden als »*misshandel*«, ist gesetzlich verboten und wird strengstens geahndet, notfalls mit (schnellstmöglicher) Entfernung des geschlagenen Kindes aus der Familie. Dafür genügt ein Anschreien oder kleiner Klaps – und jemand, der dies anzeigt, zum Beispiel das Kind selbst. Das entsprechende schwedische Gesetz lässt sich in dieser Form natürlich nicht auf Touristen anwenden. Gleichwohl ist zu bemerken, dass ein Mensch, der seine oder fremde Kinder anschreit oder gar körperlich bestraft, in Schweden ein für alle Mal »unten durch« ist.

Ihre lautstarken Meinungsverschiedenheiten in puncto Kindererziehung hätten die beiden erwachsenen Müllers ebenfalls besser allein und zuhause ausgetragen. In Schweden streitet man sich unter keinen Umständen in der Öffentlichkeit; das gilt als extrem peinlich und ist ein Fettnäpfchen par excellence! Auch hier ist die Blamage nicht mehr auszubügeln, so sie einmal geschehen ist. Das mag manchem Touristen egal sein; wer jedoch nicht gern in die »Schublade« des typisch lauten, rücksichtslosen und streitlustigen (deutschen) Touristen gesteckt werden will, hält sich besser an die schwedischen Gepflogenheiten.

Viel Raum, viel Abstand – menschlich und überhaupt

Die Großzügigkeit des schwedischen Raumangebots legt – jedenfalls den Bewohnern Schwedens – nah, sich auf Feld, Wald und Wiesen, an Stränden und in Naturparks gleichermaßen großzügig zu verteilen und einander nicht »auf die Pelle zu rücken«. Menschenansammlungen und Gedränge sind denn auch – außer bei Volksfesten, Konzerten und dergleichen – in Schweden so gut wie unbekannt. Man hat ja Platz – und den nutzt man. In Schweden ist man gern für sich, jede Art aufgedrängter Kontakt bzw. aufgezwungene räumliche Nähe wird als Affront und Rücksichtslosigkeit empfunden und sorgt für ausgeprägte Irritation. In einem Land, wo im Durchschnitt auf einen Quadratkilometer 22 Menschen kommen, ist große räumliche Distanz der Normalfall und Respekt vor der Privatsphäre des Anderen eine absolute Selbstverständlichkeit. Man sollte meinen, dass in einem solch großen Land mit so wenigen Menschen das Kontaktbedürfnis groß sein müsse; das Gegenteil ist jedoch häufig der Fall.

Zahlreiche Befragungen und Studien in Schweden ergeben immer wieder aufs Neue, dass das Bedürfnis nach ungestörtem Alleinsein – fern von jeglicher sozialen Kontrolle durch Nachbarn oder Andere (die in Schweden sehr ausgeprägt, wenn auch diskret stattfindet) – den Wunsch nach sozialem Kontakt meist bei Weitem übersteigt. Diese schwedische Selbstgenügsamkeit hat geschichtliche, klimatische und geografische Gründe: Sie resultiert zum einen aus der enormen Größe des Landes mit seinen riesigen Distanzen, zum anderen aus der häufig extremen räumlichen Zerstreuung der Ansiedlungen, die eine gewisse Selbstbeschränkung und einen vornehmlich auf die Familie beschränkten sozialen Austausch mit sich bringen. Die langen kalten Winter, die außerhäusliche Aktivitäten für viele Monate erschweren, tun ein Übriges dazu. Zusätzlich fand eine wirkliche Urbanisierung Schwedens – im europäischen Vergleich – sehr spät statt; noch bis vor wenigen Jahrzehnten lebte und arbeitete der weitaus größte Teil der schwedischen Bevölkerung auf Bauernhöfen, die seit der Zerschlagung ehemals gewachsener Dorfstrukturen durch die Bodenreform des Jahres 1827 weit voneinander entfernt waren. Allein zurechtzukommen, selten Kontakt zu Nachbarn und dafür viel eigenen Raum zur eigenen Verfügung zu haben, ist daher eine mit der Zeit gewachsene Selbstverständlichkeit. Großer Abstand zueinander – sowohl menschlich als auch räumlich – ist in Schweden der Normalfall (von den Großstädten und ihren Einzugsbereichen einmal abgesehen).

Einkaufen

Gähnende Leere im Kühlschrank: Nach dem gestrigen Ausflug an den Strand sind alle Vorräte erschöpft, also steht ein mittelschwerer Großeinkauf bevor. Max und Klara drängen auf Pizza, Herr Müller liebäugelt mit frischer *Falukorv* und Frau Müller besteht wie immer auf Fleischklößchen mit Preiselbeeren. Kaffee. Milch und Honig sind auch alle. Aber kein Problem! Ist ja immer alles geöffnet in Schweden, auch abends und sonntags, eine tolle Sache!

Herr Müller fährt schnell die paar Kilometer zum nächsten *ICA*. Der ganze Laden ist leer, oder na ja, fast leer, nur ein paar Leutchen sind zu sehen. Sicher ist er schnell fertig, denkt Herr Müller, und schnappt sich fix ein paar Pizzen aus der Tiefkühltruhe. Die anderen Kunden im Geschäft stehen ziemlich regungslos herum, fällt ihm auf, besonders vor der Kühltheke (Fleischklößchen!) stehen die wie angenagelt – also Herr Müller muss schon um die Herrschaften herum ins Regal greifen, oder sie freundlich ein ganz kleines bisschen zur Seite drängen. Warum die ihn so komisch angucken, tja, keine Ahnung, sind vermutlich beeindruckt von seiner zupackenden Art, denkt Herr Müller. Er spaziert jedenfalls flotten Schrittes weiter zur Fleischtheke, wo ebenfalls wieder andere Einkaufende herumstehen und ziemlich unschlüssig in die Fleischtheke starren.

Da sie offensichtlich noch nicht genau wissen, was sie wollen, ergreift Herr Müller die Gelegenheit und sagt rasch zu der gemütlichen Dame hinterm Tresen: »*God dag, ett half kilo falukorv tack så mycket!*«*

Die Verkäuferin schaut ihn ratlos an – dabei ist doch sein Schwedisch gar nicht so schlecht, hat jedenfalls sein alter Kollege Lars Karlsson gesagt, und der muss es ja wissen. Er sagt es also noch mal, ganz langsam, worauf die Verkäuferin freundlich fragt: »*Har du en kölapp*«**?

Damit ist aber auch schon die Grenze seines Schwedisch erreicht, er weiß nicht, was die nette Dame von ihm möchte. Er geht also auf Nummer Sicher und bestellt erneut, diesmal noch etwas lauter, damit sie ihn auch wirklich versteht: »*God dag, ett half kilo falukorv tack så mycket!*«

Ha, nun hat er sie überzeugt! Sie macht sich gleich ans Werk und packt ihm – wenn auch nicht eben in einem Höllentempo – seine Wurst ein. Na also, geht doch!

Jetzt braucht er nur noch Preiselbeeren. Verflixt, wie heißen denn die Dinger gleich noch auf Schwedisch – und wo stehen die wohl? Bestimmt bei den Obstkonserven, oder? Gibt es denn hier keine Bedienung? Herr Müller schaut sich ratlos um, sieht keinen Mitarbeiter und beschließt, einfach einen anderen Kunden zu fragen. Er nähert sich dem Nächstbesten und tippt ihm eifrig von hinten auf die Schulter: »*Kann Ni mir hälpa? Wo är preiselbeeren bitte?*«

Der Kunde, ein älterer Herr, schaut verwundert drein, zieht die Achseln hoch und verschwindet einfach in Richtung

* Guten Tag, ein halbes Kilo *Falukorv* bitte.
** Hast Du einen Wartezettel?

Kasse. Wie unhöflich! Nun ist Herr Müller aufgeschmissen! Wenn er ohne Preiselbeeren nach Hause kommt, ist seine Frau sauer. Doch da, ganz hinten, an der Käsetheke, da zeigt sich eine Verkäuferin. Na endlich!

»Hallo, Haaalloooo«, ruft Herr Müller, während er auf sie zueilt, »*kann du hälpa mig?*«

Die Dame schaut ihn nachdenklich an, beendet ruhig ihre Tätigkeit und kommt ganz gemächlich auf ihn zu. Dass hier aber auch alles im Schneckentempo stattfindet! Na Hauptsache, er kriegt seine Preiselbeeren. Herr Müller hält der Verkäuferin das Fleischklößchen-Paket vor die Nase und tippt nachdrücklich mit dem Finger drauf: »Preiselbeeren! *Kann du show? Beeren!*«

Ja, Beeren zu Fleischklößchen, das versteht die freundliche Dame – und führt ihn, ganz richtig, zu den Marmeladen, wo sich auch die Gläser und Eimer mit Preiselbeeren türmen. Wo sie schon mal da ist, kann sie ihm ja auch gleich den Honig zeigen, radebrecht Herr Müller in seinem besten Schwenglisch – und siehe da, auch das versteht sie und geleitet ihn geduldig zu den Backwaren, wo seltsamerweise der Honig platziert ist.

Na prima, jetzt hat er alles zusammen, nix wie zur Kasse. Da stehen schon ganz schön viele in der Schlange und scheinen alle Urlaub zu haben, denn jeder Kunde hält erst einmal ein Schwätzchen mit der Kassiererin und legt dabei in aller Gemütsruhe eine Sache nach der anderen aufs Band. Nicht etwa, dass die gleich nach dem Scannen sofort einpacken, um Platz für den Nächsten zu machen, so wie bei Herrn Müller zuhause, nein, erst einmal ganz gemütlich den Preis abwarten, noch ein bisschen weiterschwatzen, dann erst langsam das Portemonnaie aus der Tasche holen und umständlich darin herumkramen! Konnten die das nicht vorher machen? Und ganz zum Schluss erst wird dann gemütlich eingepackt – die Warenhaufen stapeln sich in der Ausgabe, das Band steht still. Alle anderen dürfen warten!

Herr Müller wird sauer: »Was denken die sich eigentlich? Sehen die nicht, dass ich es eilig habe? Meine Familie klopft bestimmt schon mit dem Löffel auf den Tisch!« Er rückt vor und wartet ungeduldig, dass der Kunde vor ihm das Band freimacht oder wenigstens mal dieses Stöckchen drauflegt *»Nästa kund, tack«*. Aber nix! Gar nix! Er steht da, er hat es eilig, ihm werden die Arme lang – und die anderen plaudern! Sind die zum Einkaufen hier oder zum Quatschen?

Herr Müller reist der dünne Geduldsfaden, jetzt muss er doch mal ein wenig nachhelfen: *»Kann du hurry, jag har bråttom?«**

Eine Reaktion bleibt aus, keiner sagt etwas, keiner schaut ihn an. Verstanden scheinen sie es allerdings zu haben, denn auf einmal ist das Band vor ihm frei.

›Mensch‹, denkt Herr Müller beim Rausgehen, ›hier würde ich beim Einkaufen ja durchdrehen, man kann doch nicht einfach nur so rumstehen, quatschen und andern die Zeit stehlen, wo kommen wir denn da hin? Zeit ist Geld! Soll ich vielleicht meinen Urlaub in der Warteschlange verplempern? Fehlt ja nur noch Kaffee und Kuchen, dann ist das Kaffeekränzchen komplett!‹ Zornesrot, schwer beladen und für heute mehr als

* Kannst Du schneller machen, ich habe es eilig.

49

bedient fährt Herr Müller nach Hause. Wollen wir hoffen, dass ihm jedenfalls die Wurst schmeckt…

Nicht drängeln, nicht vorgreifen!

Hätte Herr Müller sich ein wenig Zeit genommen, das Zusammenspiel der Kunden vor der Kühltheke zu studieren, wäre ihm vielleicht Folgendes aufgefallen: Jeder wartet geduldig und ohne zu drängeln, bis der Kunde, der vor einem steht, zum Beispiel an der Kühltheke, seine Entscheidung getroffen hat, die gewünschte Ware entnimmt und weitergeht. Es gilt als grober Fauxpas, einem anderen Kunden vor der Nase herumzugreifen, um Waren zu entnehmen – und es wirkt auf Schweden extrem ungehobelt, wenn man sie gar zur Seite bittet oder – noch schlimmer – drängt. Man wartet daher fein geduldig, bis der andere fertig ist mit seiner Auswahl.

Einen Wartezettel ziehen

Nicht verwunderlich, dass die wartenden Kunden verdrießlich dreinschauten, als Herr Müller zum Sprint an die Fleischtheke ansetzte und sogleich seine Bestellung hinausposaunte. Denn dort – wie auch in Apotheken, im *Systembolaget* und vielen weiteren Geschäften – zieht jeder Kunde nach dem Eintreten einen sogenannten »*kölapp*«, das ist ein kleiner Zettel mit einer Nummer darauf. Sobald diese Nummer vom Personal aufgerufen wird oder auf einem Display erscheint, ist man an der Reihe. Eine praktische Lösung – dadurch erübrigen sich steinhartes Bewachen der Warteschlange, die Anwendung von Ellbogen, ungebührliches Vordrängeln und daraus resultierender Unmut. Das hat unser guter Herr Müller leider nicht gewusst und durch unverzügliches Bestellen seiner Wurst sogleich sämtliche Kunden brüskiert, die vor ihm an der Reihe gewesen wären. Höflich, wie Schweden sind, haben sie es ihm nachgesehen bzw. ihn offenbar sogleich als unwissenden Touristen entlarvt, in dessen Heimatland solche vernünftigen und nervensparenden Lösungen wie ein *kölapp* offenbar noch nicht erfunden worden sind. Diesen Unwissenheits-Bonus genießen natürlich Einheimische nicht, im Gegenteil; es wird ausgesprochen verübelt, wenn ein Schwede versucht, sich vorzudrängeln oder gar die Warteschlange gleich zu umgehen. Ein solches Benehmen ist derart unpopulär, dass es in Schweden gar für mehrtägigen Gesprächsstoff sorgen kann!

Körperkontakt mit Unbekannten vermeiden

Ebenfalls tabu ist das Berühren wildfremder Personen: Herr Müller hätte besser nicht dem anderen Kunden (noch dazu von hinten!) auf die Schulter getippt. Die einzige Reaktion, die er damit auslöste, war negative Aufmerksamkeit und spontane Ablehnung – keinesfalls die Bereitschaft, sich Herrn Müller zuzuwenden. Ganz klar hat er durch diesen aufgezwungenen körperlichen Kontakt den persönlichen Raum des anderen Kunden verletzt. Wobei zu sagen ist, dass der persönliche Raum – also der Wohlfühl-Abstand zum anderen Menschen – in Schweden, wenn nicht in ganz Skandinavien, um einiges größer ausfällt als zum Beispiel auf dem Kontinent. Was Sinn macht, wenn man bedenkt, wie viel mehr Platz hier jeder Einzelne zur Verfügung hat. Man rückt einander also niemals auf die Pelle, Berührungen kommen nur zwischen Familienmitgliedern, Paaren und engen Freunden vor. Bekannte dagegen können gegebenenfalls mit einer »*kram*« begrüßt oder verabschiedet werden, einer Umarmung also.

Kein Rufer im Supermarkt

Ein weiterer grober Schnitzer, den sich Herr Müller geleistet hat: Man ruft in Schweden nicht laut durch den ganzen Laden, weder nach dem Personal noch nach Frau, Kindern oder wer auch sonst den Einkaufenden begleiten mag. Man ruft in Schweden eigentlich niemals laut nach jemandem. So etwas tun in Schweden nur Touristen, und dabei vorzugsweise jene aus deutschen Landen. Was diesen leider schwedenweit den traurigen Ruf eingetragen hat, dass man sie stets und überall hört, auch wenn man manchmal ganz gut darauf verzichten könnte...

Was tut man also, wenn man Hilfe im Supermarkt oder in einem anderen Geschäft braucht: Ganz einfach – man geht zu dem Mitarbeiter hin, den man etwas fragen möchte, wartet geduldig, bis dieser seine Beschäftigung unterbricht und sich einem zuwendet. Dann kann man seine Frage stellen – und ziemlich sicher sein, freundliche und liebenswürdige Hilfe zu bekommen.

An der Kasse in Schweden: Das Zen des Bezahlens

Bevor Ihnen wie Herrn Müller an einer schwedischen Kasse der Hut hochgeht: Erinnern Sie sich, wie schön und wohltuend Sie es bisher fanden, dass in Schweden stets alles so geruhsam vonstatten geht. Der Bezahlvorgang und das Warten an der Kasse machen da keine Ausnahme. Man wartet geduldig und höflich, bis man an der Reihe ist – IMMER! Es gilt in Schweden als grob unhöflich, die anderen Kunden zur Eile zu treiben, und nahezu als verwerflich, jene (die ja ihrerseits geduldig und lange warten) im Hinblick auf Ihre eigene Zeitnot darum zu bitten, Sie vorzulassen. Nicht nur, dass ein solches Verhalten Irritation auslöst – ein Schwede wird sich vermutlich auch fragen: Warum geht er/sie denn nicht früher zum Einkaufen, wenn es so eilig ist?

Herr Müller hat dabei wieder einmal Glück gehabt: Um eine Diskussion mit diesem offenbar ungehobelten Touristen zu vermeiden, ließ man ihn halt gewähren und räumte das Band. Beeindruckt von seiner Mahnung zur Eile und seiner ungemütlichen Art war man keineswegs – im Gegenteil, die Nachricht vom typisch rüpelhaften deutschsprachigen Touristen macht in solchen Fällen sogleich die Runde in Familie, Nachbarschaft und am Arbeitsplatz. Wenngleich es auch an Ihren Nerven zerren mag, dass viele schwedische Kunden offenbar bisher nicht mit den »Segnungen« effektiver, rationeller und vorausschauender Bezahlvorgänge vertraut sind – nehmen Sie es mit Gleichmut, üben Sie sich in Geduld, behalten Sie Ihren Platz in der Schlange: Endlich anhalten, endlich einfach nur da sein, endlich einmal nichts tun! Kommen Sie zu sich, atmen Sie tief ein und aus, lassen Sie die Gedanken einfach kommen und gehen, spüren Sie, wie Sie sich entspannen... Lassen Sie sich mit Herz und Sinnen tief einsinken in diese allgegenwärtige Gemütlichkeit, werden Sie

Teil des großen bummeligen Ganzen... Genießen Sie ganz gelassen diesen völlig kostenlosen Workshop in Meditation und Akzeptanz des Unvermeidlichen, den Sie in Ihrer Heimat sicher teuer bezahlen müssten. Und wenn gar nichts hilft: Nehmen Sie sich ein Buch mit – man kann beim Warten an der Kasse erstaunlich weit darin kommen...

Einkauf als soziales Vergnügen oder »Die Wiederentdeckung der Langsamkeit«

Das gemächliche Lebenstempo, das so viele Ausländer in Schweden zunächst begeistert, macht natürlich auch vor Geschäft und Kasse nicht halt. Einkäufe sind in Schweden, vor allem auf dem Lande, eine beliebte Gelegenheit zu sozialem Kontakt, und besonders für die vielen alleinlebenden Älteren oftmals eine der wenigen Möglichkeiten, überhaupt mit anderen Menschen ins Gespräch zu kommen. Da tut es einfach wohl, wenn die Kassiererin sich nach dem Befinden, den Enkelkindern oder den Plänen fürs Wochenende erkundigt und auf diese Weise ein kleines Schwätzchen zustande kommt. Wie so vieles andere ist daher auch der Einkaufsvorgang für Schweden nicht etwas, das man schnellstmöglich hinter sich bringen möchte. Zeit ist Geld – dieser in vielen Teilen der Welt verbreitete und mitunter durchaus fragwürdige Grundsatz findet in Schweden praktisch kaum Anwendung und stößt, außer in den drei Großstädten Stockholm, Göteborg und Malmö, eher auf Unverständnis, wenn nicht auf Unwillen. Man lässt sich äußerst ungern antreiben. Denn in Schweden hat oder nimmt man sich eben so viel Zeit, bis man fertig ist. Zeitersparnis ist hierzulande gar kein Wert an sich, Druck und Beeilung sind ganz untypisch, und die Dinge werden gewöhnlich der Reihe nach – und nicht gleichzeitig – erledigt, ausgedrückt in der Redensart »*en sak i taget!*« (nur eine Sache zur (gleichen) Zeit). So auch das Einkaufen.

Eine weithin verbreitete, grundlegende Überzeugung in Schweden ist übrigens: Nur was lange dauert, kann gut werden. Die Wiederentdeckung der Langsamkeit – hier in Schweden ist sie problemlos möglich. Versprochen!

Warten

Zeitloses Land – das schwedische Manana

Kaum zu glauben, dass es in Europa so gelassen und entspannt zugehen kann, denkt Herr Müller und entsteigt am frühen Mittag frohgemut seinem Auto, um in der schmucken benachbarten Kreisstadt allerlei dringend notwendige Besorgungen zu machen. Die Menschen spazieren gemütlich über den Marktplatz, auch die Autos fahren recht langsam, niemand hupt und alle scheinen unendlich viel Zeit zu haben! Diese schwedische Gemütsruhe ist ja einfach herrlich, wie machen die das nur, bei aller Effektivität, für die Schweden doch ebenfalls bekannt ist? Sollte es wirklich möglich sein, auch ohne diesen ewigen Stress auszukommen, der den Alltag daheim so oft zur Plage macht?

Sinnierend setzt sich Herr Müller in Bewegung in Richtung Radiogeschäft, wo er eine spezielle Batterie für seinen DVD-Spieler kaufen will. Es ist früh am Tag, erst 12 Uhr, doch als Herr Müller am Geschäft eintrifft, hängt dort ein Schild: »*lunchstängt till kl 13*« (wegen Mittagspause bis 13 Uhr geschlossen). Nun gut, dann geht er halt erst einmal zur Bank. Die hat ja nur drei Mal pro Woche für wenige Stunden geöffnet, das hat er schon herausgefunden – und natürlich steht dort jetzt schon eine lange Schlange an der Kasse. Herr Müller seufzt, zieht – aus Erfahrung klug geworden - einen Wartezettel und reiht sich schicksalsergeben ein. Zu seinem Missvergnügen scheint aber die lange Warteschlange die Angestellten der Bank gar nicht weiter zu beeindrucken; offenbar haben diese alle Zeit der Welt für ein Schwätzchen mit jedem Kunden und für noch so umständliche Kundenfragen. Die Schlange verkürzt sich entsprechend langsam, und Herrn Müller wollen beinahe schon die Augen zufallen, als er endlich an der Reihe ist.

Er möchte Geld wechseln, Euro in Kronen. Die freundliche Bankangestellte gibt ihm zu verstehen, dass das in der Bank leider nicht möglich ist. Herr Müller ist erst sprachlos, dann wird er sauer. Hat er dafür fast eine Stunde gewartet? Wo sonst, wenn nicht auf der Bank, soll er denn Geld wechseln? Er ereifert sich, versucht mit Händen und Füßen, der Bankangestellten diese wichtige Aufgabe des Bankgewerbes – nämlich das Wechseln von Valuta – zu erklären, doch sie bleibt starrsinnig. Als Herr Müller so gar nicht einlenken will, sagt sie zu allem Überfluss »*Vänta en stund!*«[*] und verlässt den Schalter. Das hat Herr Müller gern! Jetzt soll er auch noch warten, bis die Banktante sich endlich auf ihre Pflichten besonnen hat. Ohne ihn – das wäre ja noch schöner!

Wütend stürmt er aus der Bank und marschiert wild entschlossen zurück zum Radiogeschäft, das hoffentlich nun endlich geöffnet hat. Ganz recht, die Tür steht offen, und ein älterer Herr hinter der Ladentheke begrüßt ihn beim Eintreten freundlich mit »*Hej hej!*«.

Herr Müller zeigt ihm die alte Batterie: »*I need a new battery!*«

---

[*] Warte ein kleines Weilchen.

Der alte Herr betrachtet die Batterie von allen Seiten, schüttelt bedächtig den Kopf und gibt Herrn Müller umständlich und in einer Mischung aus Schwedisch und Englisch zu verstehen, dass diese Batterie bestellt werden muss – und dass dies ein paar Wochen dauern wird. »*Men det ordnar sig*«[*], fügt er lächelnd hinzu.

›Oh mein Gott‹, denkt Herr Müller, ›da bin ich ja schon längst wieder zuhause, dauert denn hier alles Ewigkeiten?‹

Er erklärt dem Verkäufer das Problem, verabschiedet sich frustriert und verlässt das Geschäft.

Jetzt muss er erst einmal was essen, ist ja schließlich Mittagszeit. Hungrig spaziert er von Restaurant zu Restaurant, nur um festzustellen, dass keines geöffnet hat. »*Semesterstängt*« steht auf den Schildern an den Türen, also »wegen Ferien geschlossen«.

›Da hört sich doch alles auf‹, denkt Herr Müller, ›was und wo sollen denn die Touristen essen, wollen die hier etwa kein Geld verdienen? Jetzt im Juli ist doch Hochsaison!‹ Erschöpft und mit seinem Latein am Ende nimmt er auf einer Bank am Markt Platz. Kein Mensch ist zu sehen, vermutlich essen alle zu Mittag, aber wo? Sein Blick fällt auf ein Schild: »*Kebab och Pizza*« – das wird die Rettung sein, dort gibt es mit Sicherheit etwas zu essen. Und ganz richtig, der Imbiss ist geöffnet, und ein vergnügter, gänzlich unschwedisch aussehender Herr fragt ihn freundlich nach seinen Wünschen. Nur wenige Minuten später dampft eine *kebabrulle*[**] auf seinem Teller – Herr Müller ist gerettet.

[*] Das ordnet sich, das wird schon.
[**] Weiches schwedisches *Tunnbröd* mit Kebab- und Salatfüllung

Gesättigt und wiederversöhnt mit der Welt macht er sich an seine übrigen Besorgungen. Jetzt ist es halb drei, da müssten doch eigentlich alle Geschäfte wieder geöffnet sein. Frohgemut betritt er das Farbengeschäft am Marktplatz, in dem es auch Kosmetik, Gartenartikel, Schmuck und Ameisengift zu kaufen gibt. Das braucht er, Ameisengift, denn im Ferienhaus wandert seit Neuestem allmorgendlich eine ganze Kolonne von diesen Viechern vom Brotkasten bis zum Kühlschrank und zurück.

Herr Müller wartet und wartet, aber niemand kommt, keiner ist zu sehen. Unstet geht er im Laden hin und her; wäre er ein Schurke, könnte er jetzt eigentlich ganz gemütlich die Kasse klauen und verschwinden – das scheint den Besitzern offenbar egal zu sein. Von Ferne hört er nun Besteck klimpern, der Duft frisch gebrühten Kaffees zieht durch den Laden und Laute fröhlichen Geplauders dringen aus den Hinterräumen des Geschäfts. Die trinken also lieber Kaffee, als Kunden zu bedienen. Hat man so was schon erlebt!

Herr Müller keine Lust mehr – ist ja schön und gut, diese schwedische Gemütlichkeit, aber man kriegt ja gar nichts geschafft! Keine Batterie bekommen, kein Geld gewechselt, nix mit original schwedischem Essen, auf das er doch so Lust hatte – und jetzt noch nicht mal Ameisendosen! Herr Müller ist es leid, er gibt auf, geht seufzend zurück zum Auto und macht sich auf in Richtung Ferienhaus. Sicher hat die gesamte schwedische Polizei jetzt ebenfalls Kaffeepause, also steigt er ordentlich aufs Gas! Wenigstens in seinem Auto, da sollen sie ihn nicht auch noch bremsen, diese langweiligen Schweden!

Wenn Herr Müller das gewusst hätte

Hätte Herr Müller von der speziellen Eigenart des durchgehend gemütlichen schwedischen Zeitverständnisses und der unverrückbaren alltäglichen Pausengestaltung gewusst, wäre es ihm vermutlich zum einen nicht in den Sinn gekommen, ausgerechnet mittags in die Stadt zu fahren, wenn nahezu alle Geschäfte (bis auf die Supermärkte) wegen Mittagspause geschlossen haben. Zum anderen hätte er seinen Bankbesuch dann sicher gleich zur Öffnungszeit absolviert und sich auf diese Weise lange Wartezeiten ersparen können. Dass Geldwechseln bei schwedischen Banken fast ausschließlich nur noch für Kunden möglich ist, die dort ein Konto haben (um Geldwäsche-Aktivitäten zu verhindern), wäre ebenfalls eine nützliche Information für Herrn Müller gewesen, dann hätte er das sicher bereits gleich nach der Ankunft in Schweden in einer Wechselstube, z.B. bei Forex, erledigt. Er hätte sich wohl auch nicht der kühnen Hoffnung auf ein original schwedisches Mittagessen zur Hochsaison im Restaurant hingegeben, wenn er gewusst hätte, dass Restaurants im Sommer in Schweden oft geschlossen sind. Die klassischen Kaffeepausen-Zeiten (ungefähr 9.30 Uhr und 14.30 Uhr) hätte er bei Kenntnis der ehernen schwedischen Pausengesetze selbstredend geschickt umschifft und seine Besorgungen auf die Zeit davor oder danach verlegt. Schließlich hätte er sich eventuell benötigte Ersatzteile/Batterien sicher gleich vorsichtshalber aus der Heimat mitgebracht – in der klugen Annahme, dass kleine Geschäfte in ländlichen Gegenden Schwedens in der Regel nur die gängigsten (schwedischen) Artikel bereithalten.

Schweden und die Zeit

Es ist nicht übertrieben, die Begegnung von kontinentalem und schwedischem Zeitverständnis als »*clash of cultures*« zu bezeichnen. Während auf dem europäischen Kontinent Schnelligkeit, Beschleunigung, Eile, Zeitersparnis und rasche Resultate seit Langem selbstverständliche Parameter des Alltags sind und Multitasking ganz normal ist, ist in Schweden das Gegenteil der Fall: das schwedische Zeitverständnis ein ungleich großzügigeres. Stress, Druck und Eile (nach europäischem Verständnis) sind in Schweden unbekannt, Zeitersparnis ist überhaupt kein Wert an sich – und alles dauert eben so lange, bis es fertig ist. Man erledigt die Dinge nacheinander und nicht gleichzeitig (*en sak in taget*)[*]. Zeitliche Vorgaben sind in Schweden (außer im richtigen bzw. internationalen Big Business) ungewöhnlich. Die zugrunde liegende landesweite Einstellung ist: Nur was lange dauert, kann wirklich gut werden! Eine ähnlich entspannte Einstellung gilt für die Resultatsorientierung, die in Schweden zwar auch gegeben ist, aber ganz anders zum Ausdruck kommt. In Schweden geht es nie um schnelle Resultate, dafür aber um gute und durchdachte. Bis jedoch ein solches Resultat von allen Beteiligten gemeinsam gefunden ist, kann (sehr) viel Zeit vergehen, ohne dass dies jemanden im geringsten bekümmern würde. Schnellen Lösungen und Resultaten steht man daher in Schweden ziemlich skeptisch gegenüber, da sie vermutlich nicht gut überlegt sind. Aufforderungen zur Beschleunigung werden

[*] Eins nach dem anderen!

generell verübelt, da diese dem Tempo des Landes und seiner Bewohner so gar nicht entsprechen. Und selbstverständlich gibt es daher auch gar keinen Grund, die jahrhundertealten alltäglichen Pausen-Rituale zu ändern, selbst nicht bei Massendrang oder in der Hochsaison. »Warum sollen wir uns beeilen?« fragte einst ein Nachbar die Autorin. »Wir haben doch so viel Zeit – ein ganzes Leben!«

Zu Recht fühlen sich daher Touristen und Einwanderer in Schweden oftmals um einige Jahrzehnte zurückversetzt, in die gute alte Zeit, als das Alltagsleben noch eine gewisse unumstößliche Ordnung hatte, wie es sie in Schweden ganz selbstverständlich auch heute noch gibt: Mittags wird ordentlich Pause gemacht, das Geschäft wird geschlossen, der Betrieb zeitweilig eingestellt – komme, was wolle! Auch zwei mehr oder weniger lange Kaffeepausen (*fikapaus*), jeweils am Vor- und am Nachmittag, sind in den Betrieben und auch zuhause nicht wegzudenken. Und natürlich macht man im Sommer, vorzugsweise in der Hochsaison, Urlaub – auch und gerade wenn man ein Geschäft oder ein Restaurant besitzt. Denn schließlich muss man sich vom Stress des restlichen Jahres erst einmal tüchtig erholen! Die Faktoren Freizeit, Pause und Erholung genießen denn auch in Schweden wesentlich höhere Wertschätzung als jegliche Form von Beeilung, Anstrengung, Schnelligkeit und Zielerreichung durch umgehendes Handeln. Das mag zwar auch in anderen Ländern so sein; in Schweden wird diese Einstellung jedoch wirklich, praktisch und konsequent umgesetzt, und das eigentlich zu jeder Jahreszeit.

Auch mit den allgegenwärtigen Wartezeiten, die so vielen Besuchern und Einwanderern Kopfzerbrechen und gelegentlich schlechte Laune bereiten, hat man sich in Schweden seit Langem arrangiert. Man nimmt sie zum einen klaglos hin (alles andere wäre im Lande des *jantelagen* auch geradezu frevelhaft) und plant seine Besorgungen entsprechend lange im Voraus. Weiß man zum Beispiel, dass gewisse Dinge schwer zu bekommen sind, bestellt man eben gleich mehrere davon und hat dann für eine ganz Weile ausgesorgt. Hat die Bank nur drei Mal in der Woche für wenige Stunden geöffnet, geht man direkt zu Beginn der Öffnungszeit hin oder regelt seine Bankgeschäfte gleich übers Internet.

In der Hochsaison macht man Urlaub. Falls man doch zuhause bleibt, isst man mittags daheim oder gegebenenfalls in der Kantine des Arbeitgebers (falls nicht Betriebsferien sind), denn die Lunchrestaurants sind dann häufig geschlossen. Wenn das Reinigen der Anzughose auf dem Lande sechs Wochen dauert, bringt man sie eben entsprechend früh zur Annahmestelle, sodass sie zurück ist, wenn man sie braucht. Benötigt man Wein und Bier, macht man gleich einen Großeinkauf im meist weiter entfernten *systembolaget*, damit es für eine Weile reicht. »*Framförhållning*« = Vorratshaltung, Vorratsplanung ist das typische schwedische Wort für diese Betrachtungs- und Handlungsweise, die in Schweden alle als ganz normal, selbstverständlich und sehr ökonomisch empfinden, nicht zuletzt auch wegen der großen Entfernungen, die spontane Einkäufe und dergleichen seit je erschweren.

Dieses für heutige Begriffe insgesamt anachronistisch anmutende Zeitverständnis, das keinen Grund zur Beeilung kennt und wo eben alles so lange dauern darf, bis es fertig ist, spiegelt den im europäischen Vergleich recht späten Über-

gang Schwedens von einer Jahrtausende alten Agrargesell-
schaft in die urbanisierte Gegenwart dar. Eine riesige Anzahl
schwedischer Landbewohner, deren Zuzug die kleinen Städte
im letzten und vorletzten Jahrhundert rasch auf das zehn- bis
zwanzigfache ihrer ursprünglichen Größe anwachsen ließ,
brachte ihre ländlichen Gewohnheiten und Denkweisen mit,
die sich zu einem beträchtlichen Teil bis heute erhalten haben.
Und noch die Großeltern der allermeisten heute lebenden
Schweden waren selbst Bauern oder in der Landwirtschaft
angestellt. Die landesweit anzutreffende und grundlegende
mentale Verwurzelung der meisten Schweden in der ehemaligen geruhsamen Bauernkultur ihrer Väter und Vorväter und
im natürlichen Ablauf der Jahreszeiten führt denn auch noch
immer eher ein Denken in Monaten und Jahren als ein Denken in Tagen und Stunden mit sich. *Man tar det lugnt – allting
kommer att ordna sig!*[*]

---

[*] Man nimmt es mit der Ruhe – alles wird sich finden.

64

Auf Besuch

Einladung zum Fauxpas

Heute ist Herr Müller mit seiner Familie bei seinem ehemaligen Arbeitskollegen Lars Karlsson in Stockholm eingeladen. Ein feiner Kerl, Herr Müller hatte sehr gern mit ihm gearbeitet. Lars ist dann aber leider wieder in die Nähe von Stockholm zurückgezogen, wegen der Liebe. Herr Müller sollte ihn aber auf jeden Fall besuchen, wenn er mal in Schweden ist.

Das wollte Herr Müller nur zu gern, gerade, da man diesen Besuch ja perfekt mit einem ganzen Stockholm-Wochenende verbinden kann. Er hatte also bei Lars angerufen, der ihn und seine Familie spontan freudig zum Abendessen einlud. Es würden auch noch ein paar mehr Leute kommen, Lars Frau hätte nämlich Geburtstag. Was schenkt man da? *Hundkex* würde seine Frau toll finden, hatte Lars gesagt, die könnten die Müllers ja vom Lande mitbringen. Hundekeks? Herr Müller ist ratlos, wundert sich über solch komische Vorlieben und sortiert es in die Schublade »Besondere Schwedenerlebnisse« ein. Und Blumen auf jeden Fall, die müssen mit, ein richtig schönes, großes Bukett, mit Cellophan und allem Schnickschnack, es soll ja was hermachen! Auch Champagner muss sein, sagt seine Ehegattin, das mögen Frauen! Gut, dass sie noch eine Flasche dabei haben, in Schweden kostet das ja ein Vermögen, denkt Herr

Müller und packt zufrieden den Champagner in die Reise-
tasche.

Und heute ist es also soweit. Die Müllers werfen sich in
Schale, denn das Feinste ist grade gut genug, wenn man bei
Schweden eingeladen ist, sagt Frau Müller. »Die Schweden
sind ja für ihren guten Stil bekannt!« Frau Müller sieht denn
auch hinreißend aus in ihrem kleinen Cocktailkleid und ist
einfach traumhaft geschminkt – die anderen Gäste werden
sicher Augen machen! Herr Müllers guter Anzug muss auch
her, heut' will er chic sein wie Bolle! Und für die Kinder ist
heute Schluss mit den T-Shirts und Jeans, wozu haben sie
denn die Matrosenanzüge mitgenommen? Man will ja
schließlich einen guten Eindruck machen!

Die Müllers sind also endlich alle fein und fertig, mit
Geschenken bewaffnet und fahren hin zur Familie Karlsson.
Einfach toll wohnen die, schönes großes Haus mit Blick aufs
Meer, alles aus Holz, ein riesiger Garten – ja, und was hat
Herr Müller gesagt: Einen Hund gibt es auch, der kommt
sogleich angetobt und wird sich sicher über die Hundekekse
freuen!

Lars macht ihnen die Tür auf – er ist immer noch ganz der
Alte, ein bisschen kahlköpfiger vielleicht.

»Lars«, lacht Herr Müller, »altes Haus, wo sind Deine Haare
geblieben?« und klopft seinem ehemaligen Kollegen tüchtig auf
die Schulter. Sein Gegenüber schaut zuerst ein bisschen pikiert,
lacht dann aber ebenfalls und bittet sie hinein. Seine Frau Ida,
klein, blond, schwedisch, steht neben ihm in der Diele und
strahlt die Müllers an. Beide sind noch in Jeans und T-Shirt
– anscheinend sind die Müllers wohl ein bisschen früh dran.

Die einzelnen Familienmitglieder begrüßen die Gastgeber der Reihe nach und gratulieren auf Schwedisch – das haben sie unterwegs auswendig gelernt: »*Grattis till födelsedagen!*« Dann drückt Herr Müller der Gastgeberin den Hundekuchen in die Hand. Ida macht große Augen und lacht herzlich. Als sie ihr das Bukett überreichen, ist sie gar nicht mehr zu sehen, nur ein überwältigtes »*Tack så mycket!*«[*] kommt hinter dem Cellophan hervor. Da haben sie ja voll ins Schwarze getroffen! Für die Champagnerflasche hat sie keinen Platz mehr, die nimmt Lars an sich und pfeift anerkennend durch die Zähne: »Jahrgang 1989, das kostet in Schweden ein Vermögen! Tausend Dank! Kommt rein!«

Von innen sieht das Haus ja noch besser aus als von außen, also einrichten können die Schweden einfach ganz prima, das muss man ihnen lassen! Familie Müller geht begeistert gleich durch ins Wohnzimmer, hin zu den anderen Gästen, ein dicker Mann und zwei dünne, dazu drei hübsche Frauen und eine ältere Dame, sicher über siebzig und schon ein wenig wacklig auf den Beinen – das wird die Oma sein. Besonders toll angezogen sind die aber alle nicht, findet Herr Müller im Stillen für sich, mehr so Richtung Campingplatz, Jeans, Pulli, Popeline – nichts Besonderes. Also mit dem schwedischen Stil, da hat seine Frau wohl etwas falsch verstanden. Ihre eigene Aufmachung macht aber mächtig Eindruck, alle gucken sie groß an, besonders Frau Müllers glitzerndes Cocktailkleid weckt große Aufmerksamkeit. Das sieht man hier wohl selten, so schicke Deutsche! Na, wie auch, die meisten Touristen laufen

---

[*] Vielen Dank!

ja hier in Goretex und Schlappen herum. Aber die Müllers, die können auch anders!

Jetzt brauchen sie aber erst mal was zu trinken nach der langen Fahrt und bedienen sich am Getränkewagen, bevor sie sich »unters Volk mischen« und mit der Begrüßung der anderen Gäste loslegen.

Sie beginnen bei der alten Dame, ganz wie es sich gehört: »*God dag, vi är familj Müller from Tyskland! En wacka Land ha Du, vi älsker mycket, wi är för ersten Mal in Schweden, Pippi Langstrumpf, Inga Lindström, you know?*«

Die alte Dame verbleibt jedoch wortkarg, außer einem leisen »*Hej!*« sagt sie nichts, sondern schaut die Müllers nur etwas verwirrt an.

Dann werden die anderen Gäste der Reihe nach begrüßt, wobei diesen offenbar das Händeschütteln nicht besonders vertraut ist. Für die Müllers ist allerdings das Gegenteil recht ungewohnt, Begrüßung so ganz ohne Händedruck, einfach nur *Hej* sagen? Das fühlt sich so unpersönlich an! Aber gut: andere Länder – andere Sitten!

Aber freundlich, wirklich sehr freundlich sind die anderen Gäste! »*Hej och välkommen, vad kul att träffas!*«[*] begrüßen sie die Müllers und lächeln immerzu. Die Müllers fühlen sich beinahe wie im Film bei Inga Lindström. Die sind ja alle so nett hier – bis auf die Kinder von Lars und Ida, die just in diesem Moment in den Raum gestürmt kommen und ohne ein Wort der Begrüßung an den Müllers vorbeirennen. Keine Manieren! »*God dag!*« ruft Herr Müller ihnen freundlich hin-

---

* Hallo und willkommen, wie schön, Euch kennenzulernen!

terher, aber die haben wohl Bohnen auf den Ohren. Ihren Kindern würden die Müllers so was jedenfalls nicht durchgehen lassen, soviel steht mal fest!

»*Varsågoda*«[*], bittet Ida alle zu Tisch. Herrlich – endlich etwas zu essen! Die Müllers sind schon ganz ausgehungert, seit dem Frühstück haben sie nichts gegessen, sechs Stunden auf Achse – das zehrt! Lars' Frau hebt ihr Glas und lächelt in die Runde: »*Hjärtlig välkomna allihopa, hoppas det smakar, varsågoda!*«[**] Anerkennendes Murmeln und Gläserklirren am Tisch, während alle zugreifen und das Geburtstags-Essen seinen Lauf nimmt.

Die alte Dame neben Herrn Müller scheint großen Durst zu haben, denn bereits nach kurzer Zeit ist ihr Weinglas schon leer. Herr Müller, ganz Kavalier, will ihr nachschenken: »*Will du wein?*«

Das scheint ihr zu gefallen, sie lächelt fein und wispert: »*Tack det är bra!*«[***]

›*Tack* bedeutet *Danke* und *bra* bedeutet *gut*, also hält sie das für eine gute Idee!‹ denkt Herr Müller und gießt ihr schnell vom köstlichen Wein nach. Kaum ist ihr Glas wieder leer, gießt er nach, er hat ja Anstand! Der alten Dame scheint das zu gefallen, ihre Wangen sind schon ganz gerötet vor Freude, sie hopst aufgeregt auf ihrem Stuhl herum und sagt bei jedem Nachgießen aufs Neue: »*Tack det är bra nu!*«

Als sie dann schließlich recht wacklig versucht, von ihrem Stuhl aufzustehen, um die Toilette aufzusuchen, steht Herr

[*] Bitte sehr (nehmt Platz)!
[**] Herzlich willkommen alle miteinander, ich hoffe, es schmeckt. Bitte sehr (fangt an)!
[***] Danke, das reicht, ich habe genug.

Müller als Gentleman gleich auf und hakt sie unter, um sie dorthin zu begleiten.

»*Tack jag klarar mig!*«* ist die eindeutige, aber nuschelig vorgetragene Reaktion der alten Dame, die Herr Müller allerdings wiederum nicht versteht.

»*Und ja heter Klaus*«, sagt er erfreut, »*ja kommer med zum Toilett, Klara! Min dotter heter auch Klara, de är lustig, ne!*«**

Die alte Dame ist gar nicht so einfach zu manövrieren, aber geduldig und höflich begleitet er sie zum Badezimmer. Als er wiederkommt, steht schon der Hauptgang auf dem Tisch: Fisch in allen Variationen.

Herr Müller nimmt Platz und begutachtet die verschiedenen Sorten eingehender – die meisten sehen überaus verlockend aus, eine ist allerdings dabei, die ist derart wabbelig, dass er sich spontan genötigt fühlt, Ida darauf vorzubereiten, dass er diesen Fisch nicht probieren wird: »*Denna fisk kan jag inte äta, min magen, du förstår?*«***

Ida zeigt natürlich Verständnis für den fehlenden Mut des Deutschen, was Herrn Müller wiederum zu einer spontanen Reaktion veranlasst: »*Du är en toll kvinna*«**** sagt Herr Müller zu ihr, »*Lars är en riktig Glücksvamp!*«*****

Ida lächelt, senkt den Blick und nimmt wortlos einen Schluck aus ihrem Weinglas – eine gute Gelegenheit für

* Danke, ich komme allein zurecht.
** Und ich heiße Klaus, ich komme mit zur Toilette, Klara! Meine Tochter heißt auch Klara, ist das nicht lustig?
*** Diesen Fisch kann ich nicht essen, mein Magen, Du verstehst?
**** Du bist eine tolle Frau (toll ist kein schwedisches Wort).
***** Lars ist ein Glückspilz (Glückspilz heißt im Schwedischen jedoch keineswegs *Glücksvamp*, sondern: *lyckans ost* (Glückskäse).

Herrn Müller, sich einmal etwas genauer nach den Gründen für die restriktive schwedische Alkoholpolitik zu erkundigen: »*Varför win und snaps i specialaffär? Dricker ni så mycket?*«[*] scherzt er fröhlich.

Ida wird rot, da hat er wohl ins Schwarze getroffen, denkt er sich, und gießt ihr direkt noch etwas Wein nach. »*Skål! Komm till Tyskland, da kann du dricka so viel du will!*«[**]

Er prostet ihr zu und widmet sich nun – endlich – dem Verzehr der Hauptspeise. Die Fischvariationen sind tatsächlich köstlich – nur die Tatsache, dass die Kinder von Lars und Ida andauernd aufspringen, umherlaufen und sich wieder hinsetzen, trübt den Genuss der Eheleute Müller. Doch niemand sagt etwas dazu. Max und Klara machen schon ganz große Augen, so etwas wäre zuhause nie erlaubt.

Der Nachtisch ist jedenfalls köstlich, am Tisch ist es jetzt ganz still geworden und alle schauen Herrn Müller an, was ihn ein wenig verunsichert. Am besten mal in die Runde prosten, denkt er sich: »Prost und skål alle miteinander!« Die anderen lächeln ihn unverwandt an und scheinen auf irgendwas zu warten, aber auf was?

Lars flüstert ihm quer über den Tisch zu: »Du hast die Ehrenplatz neben den Wirtin, man will darum ein Rede von Dich hören!«

Ach du lieber Himmel, auch das noch! Wie soll das nur gehen mit seinen paar Brocken Schwedisch? Herr Müller steht vorsichtig auf, lächelt verlegen in die Runde, klopft mit

---

[*] Warum gibt's in Schweden Wein und Schnaps nur im »Spezialgeschäft«? Trinkt Ihr denn so viel?
[**] Prost! Komm nach Deutschland, da kannst Du soviel trinken, wie Du willst!

der Gabel an sein Glas und legt verschmitzt los: »Sehr verehrte Damen und Herren, liebe Schweden!« Keiner lacht, also weitermachen: »*Bästa friends, herzliches tack för die Einladung und den lecker maten! Grattis till födelsedagen, Ida! And we love your country! Sweden är en mycket härlig land, very wacka, just a little strange alcohol politics. Welcome in Tyskland, we have lot's of beer!*« Das hat er offenbar gut gemacht, denn Ida sieht jetzt richtig erleichtert aus, und alle Gäste heben die Gläser und prosten ihr zu.

Mit einem freundlichen Lächeln bittet Ida nun alle zum gemütlichen Teil in den Garten, dort steht eine Kaffeetafel mit allerlei Backwaren und Torten. Herr Müller wundert sich über die recht kleinen Tortenstücke und nimmt daher sicherheitshalber gleich mehrere. »Petra« ruft er seiner Frau zu, »gib doch Ida mal eines deiner Tortenrezepte, dann sieht sie mal, wie groß eine Torte bei uns ist!«

Seine Gattin nickt und erklärt Ida radebrechend, dass Torten in Deutschland ungefähr Wagenradgröße haben und man von nur einem einzigen Stück pappsatt wird – Ida scheint offensichtlich sehr beeindruckt zu sein.

Herr Müller nutzt unterdessen ebenfalls die Chance zur Konversation und fragt einen Gast neben ihm, was eigentlich mit dem Gesundheitssystem[*] in Schweden los ist, man würde ja so einiges hören! »*Varför no doktor wenn krank, this is*

---

[*] In den letzten Jahren ist es auch ins Ausland vorgedrungen, dass das seinerzeit viel gerühmte schwedische Gesundheitssystem chronisch unterversorgt ist und von etlichen Mängeln gekennzeichnet: Vielfach extrem lange Wartezeiten auf Arztbesuche, Behandlungen und Operationen, eklatanter Ärztemangel und viele von Krankenschwestern fehldiagnostizierte, abgewiesene Akutpatienten sind beispielhafte Probleme, mit denen Patienten in Schweden konfrontiert sind.

en Menschenrecht, don't you think? In Germany we go till doktor every day!« Der Gast windet sich, murmelt was von System und Equality und verschwindet ins Haus. Komischer Typ! Herr Müller hatte jetzt schon mal eine richtige Antwort erwartet, er ist ja schließlich Gast hier und interessiert sich sehr für Schweden! Er dachte, das käme gut an – ganz offenbar ist das aber nicht der Fall!

Herr Müller gesellt sich also lieber zu Lars, seinem alten Arbeitskollegen und plaudert mit ihm über vergangene Zeiten, da gibt es einiges zu erzählen!

Schließlich heißt es für die Müllers Abschied nehmen; immerhin müssen sie bis acht Uhr in ihrem Stockholmer Hotel eingecheckt haben. Höflich wie sie sind, machen sie die Runde, verabschieden sich von allen und klopfen ihnen jedem herzlich auf die Schulter: »*Pleasure to meet you! Besök uns snäll* in Tyskland!*«

»Danke für Euren Besuch«, sagt Lars, »und für all den schöne Geschenke! Die Hundekuchen war der Volltreff!« fügt er hinzu und grinst breit. Die Müllers freuen sich über so viel Anerkennung.

Bevor sie das Haus verlassen, nimmt Lars Herrn Müller noch mal zur Seite: »Klaus, morgen um fünf treff' ich meinen Freunden in die Pub Bishop's Arms, hast Du Lust, mit zu sein?«

»Sehr gern«, antwortet Herr Müller begeistert, »das klingt gut, bin sofort dabei! Wir sind ja noch bis Montag in Stockholm.«

---

* *Snäll* bedeutet: nett, lieb. Bald heißt: *snart*.

Prima – die Sache steht! Nach einer allseitigen Umarmung zum Abschied fahren die Müllers pappsatt und fröhlich in ihr Stockholmer Hotel.

Einladung zum Fauxpas

Hätten die Müllers gewusst, dass es auch bei Privateinladungen in Schweden eher zünftig und einfach zugeht, hätten sie sich gewiss weder in Schale geschmissen noch teure Geschenke mitgebracht. Zur Kleidung ist zu sagen, dass schwedische Gastgeber bei Einladungen eine feine, unausgesprochene Rücksichtnahme praktizieren und sich daher häufig so kleiden, dass auch der ärmste unter den Gästen sich nicht »underdressed« fühlen wird. Also im Zweifelsfalle sehr einfach. Besonders feine Kleidung wird von den Gästen gar nicht erwartet (Ausnahmen sind natürlich Hochzeiten oder andere wichtige und größere Feiern). Auch ist starkes Schminken in Schweden (außer bei weiblichen Teenagern) ungewöhnlich und ruft im Zweifelsfall die Assoziation eines liederlichen Lebenswandels hervor. Für Gastgeschenke gilt die Faustregel, dass diese den Wert von 100 SEK nicht übersteigen sollten, um den Gastgeber nicht zu beschämen bzw. in Zugzwang zu bringen.

Keinesfalls sollte man den Gastgeber gleich bei Eintritt scherzhaft beleidigen, z.B. mit einem Verweis auf die schwindende Haarpracht, Leibesfülle oder dergleichen. Was in Deutschland Ausdruck lustiger, kumpelhafter Jovialität sein kann, gilt in Schweden leicht als Beleidigung und wird unter Umständen sehr lange übel genommen (wenn auch niemals offen kritisiert). Auch Schulterklopfen und dergleichen (Antippen etc.) sind in Schweden äußerst unbeliebt. Zur Begrüßung genügt ein einfaches »*hej*«; nähere Bekannte und Freunde geben einander einen »*kram*«, also eine Umarmung. Händeschütteln wird hingegen nicht praktiziert bzw. nur dann, wenn das Gegenüber seine Hand so lange nachdrücklich hinhält, dass einem nichts anderes übrig bleibt, als sie zu schütteln – will man als Schwede nicht unhöflich sein.

Unbedingt sollte man gleich nach Betreten eines Privathauses die Schuhe ausziehen – sofern der Gastgeber nichts Gegenteiliges verlauten lässt. Ein Durchmarschieren durchs Haus in Straßenschuhen wird zwar – wie immer – nicht kritisiert, jedoch noch lange danach übel genommen.

Die schwedische Etikette gebietet es, bei privaten Einladungen zunächst alle anderen Gäste zu begrüßen, bevor man sich am Getränkewagen bedient – und sei man auch noch so durstig. Das war also ebenfalls ein kleiner Fauxpas von Familie Müller.

Gewisse Manieren schwedischer Kinder rufen bei vielen Ausländern Verwunderung und gelegentlich Ärger hervor. Das sollte einen jedoch nicht zu – noch so gut gemeinten – Erziehungsversuchen verleiten; man macht sich damit nur unbeliebt bei Eltern und Kindern.

Anderen Gästen bei Tisch nachzugießen – auch wenn sie direkt neben einem sitzen – ist Aufgabe des Gastgebers, sofern er nichts anderes hat verlauten lassen. Und »*tack det är bra*« bedeutet eben nicht etwa: »Danke, gute Idee« sondern: »Danke, es reicht.« Gerade bei solch heiklen Unterschieden sollte man in jedem Fall sichergehen, dass man sein Gegenüber auch richtig verstanden hat. Im obigen Beispiel hat Herr Müller unwissentlich die ältere Dame bis obenhin »abgefüllt«, da er ihre wiederholten, zunehmend verzweifelten Ausrufe nicht richtig zu deuten verstand. Auch sein nachdrückliches Bestehen auf tatkräftige Unterstützung beim Weg ins Badezimmer kam sicher bei der älteren Dame keineswegs so gut an, wie er es sich vorstellte. In Schweden gilt es als Untugend, älteren Menschen unaufgefordert zu helfen, da diese sich soweit und solange wie möglich selbst helfen möchten. Aufgedrängtes Behilflichsein kränkt ihren Stolz.

Wenn es bei Tisch Speisen gibt, die Sie nicht mögen: Lassen Sie Schweigen walten oder probieren Sie wenigstens ein ganz klein wenig. Im Zweifelsfall können Sie sich auch mit einer Nahrungsmittelallergie »herausreden« – diese sind in Schweden sehr verbreitet, daher wird sich Ihr Gastgeber nicht kritisiert oder gekränkt fühlen, wenn Sie gewisse Speisen nicht essen.

Es versteht sich eigentlich von selbst, dass man weder mit dem Gastgeber noch mit der Gastgeberin flirtet, jedenfalls nicht, wenn diese ganz offensichtlich gebunden sind. Man wird zwar selbst keine direkten Probleme davontragen; der oder die Angeflirtete wird sich aber sicher nach Abfahrt der Gäste mehr oder weniger wütende Vorträge des Partners anhören müssen. Denn Schweden, so ruhig und beherrscht sie auch nach außen hin auftreten, sind häufig recht eifersüchtig.

Das Thema Alkohol ist ein leidiges. Zum einen sprechen die Schweden gern selbst darüber, wenn sie unter sich sind – je nördlicher, desto häufiger – doch reagiert man in Schweden empfindlich, wenn (unkundige) Ausländer Stellung zu der speziellen Alkoholpolitik des Landes nehmen bzw. diese kritisieren. Zwar wird man höflich beipflichten, doch im Geheimen etwas grollen, da diese Ausländer ja nicht verstehen, wie viel Unheil der Alkohol in Schweden über die Jahrhunderte schon angerichtet hat (siehe auch Teil 2, Fettnäpfchen von A-Z). Daher empfiehlt es sich, das Thema Alkohol lieber nicht anzuschneiden bzw. es den schwedischen Gesprächspartnern zu überlassen, damit anzufangen. Und: Weitschweifige Darstellungen famoser kontinentaler Liberalität im Umgang mit Alkohol rufen in Ihrem schwedischen Gesprächspartner allenfalls ein Gefühl von Beschämung – und Verärgerung – hervor!

Gleiches gilt für das Prahlen mit Errungenschaften des Heimatlandes – oder gar mit eigenen Besitztümern, Status, Sozialprestige usw. Ein solches Verhalten gilt in Schweden als extrem unfein und kann ohne Übertreibung als Tabu bezeichnet werden. Auch dem reichsten aller Schweden und gar dem König selbst käme solches wohl nie über die Lippen. Untertreibung, Zurückhaltung und maßvolle Schilderungen kommen dagegen immer gut an. Auch Vergleiche zwischen den Ländern sollte man sich sparen; zum einen kann man Länder nicht wirklich miteinander vergleichen, zum anderen fahren Sie als Gast besser, wenn Sie stattdessen die Vorzüge Schwedens hervorheben!

Ist Ihnen als Gast aufgrund der Platzierung (links neben der Gastgeberin) die ehrenvolle Aufgabe zugefallen, nach dem Essen als Ehrengast eine kleine Rede zu halten: Klopfen Sie nicht ans Glas! Dies ist nicht üblich, da die Schweden ihre Besitztümer stets schonen und kein Zerspringen des

Glases riskieren würden. Klopfen Sie stattdessen einfach mit dem Messerrücken auf den Tisch, das genügt, und man wird sich Ihnen zuwenden. Fassen Sie sich kurz, loben Sie Speis und Trank und danken Sie für die Einladung. Man wird Sie sicher auch im Wesentlichen verstehen, wenn Sie Ihre Rede auf Deutsch oder Englisch halten. Und: Machen Sie besser nicht wie Herr Müller Witze, die die restlichen Anwesenden aufgrund unterschiedlichen kulturellen Backgrounds nicht verstehen können.

Die Torte zum Kaffee ist übrigens als kleine Abrundung nach dem Essen gedacht und keinesfalls als zusätzliche süße Hauptmahlzeit. Daher sind die Tortenstücke klein, und man sollte – auch im Interesse aller anderen Anwesenden – nicht mehr als ein, zwei Stücke nehmen.

Diskussionen bei Tisch sollten sich auf allgemeine Themen beschränken und man tut – wie immer - gut daran, auch in Schweden Dinge wie Politik, Religion und dergleichen außen vor zu lassen und zum Beispiel die schwedische Alkohol- oder Gesundheitspolitik gar nicht erst anzusprechen – oder gar zu kritisieren. Schweden zu kritisieren, steht nach Meinung vieler Schweden nur den Schweden selbst zu. Auch wenn Ihre schwedischen Tischnachbarn sich über Missstände im eigenen Land austauschen– machen Sie nicht mit! Hören Sie einfach nur zu und heben Sie im Zweifelsfall die Vorzüge Schwedens hervor.

In diesem Zusammenhang sei ebenfalls darauf hingewiesen, dass man generell Schweden besser nicht nach ihrer Meinung fragen sollte, denn das bringt sie in eine verzwickte Situation: In Schweden gilt sofort als Wichtigtuer, wer seine Meinung kundtut. Verlangen Sie also nicht von Ihrem schwedischen Gesprächspartner, gegen dieses tiefsitzende Tabu zu verstoßen. Halten Sie besser Ihre Fragen allgemein bzw. fragen Sie lieber indirekt, z.B. »Ich frage mich, warum dies und jenes wohl so und so sein mag.« Diese Vorgehensweise erlaubt Ihrem schwedischen Gesprächspartner, ebenso indirekt (und nicht mit seiner persönlichen Meinung) zu antworten.

In der Kneipe

Vom Angeben und Ausgeben

Nachdem Familie Müller gemeinsam einen herrlichen Tag im bezaubernden Stockholm mit all seinen Museen, Inseln und romantischen Gässchen verbracht hat, wird es nachmittags langsam Zeit für Herrn Müller, sich zum Pub *Bishop's Arms* zu begeben, wo er um fünf Uhr mit seinem ehemaligen Kollegen Lars und dessen Freunden verabredet ist. Bishop's Arms soll einer der besten Pubs der Stadt – wenn nicht ganz Schwedens – sein, sehr gemütlich und mit Bier aus aller Herren Länder, hat Lars noch gesagt – das klingt doch prima, Herr Müller freut sich schon!

Als er kurz nach fünf im *Bishop's Arms* ankommt – ein richtig schöner Pub mit stilvoller altenglischer Einrichtung und nicht besonders schwer zu finden – sitzen Lars und seine Freunde schon an der Bar, sechs freundliche schwedische Herren in den Vierzigern, die ihn beim Herankommen augenscheinlich nicht im geringsten beachten, doch sogleich unisono mit einem fröhlichen »*Hej!*« begrüßen, als er dann direkt vor ihnen steht.

Herr Müller weiß nun schon, dass ein kräftiger Händedruck zur Begrüßung der Schweden Sache nicht ist, antwortet daher seinerseits mit »*Hej alla tillsammans!*«[*] und wartet darauf, dass

---

[*] Herr Müller möchte sagen: »Hallo, alle zusammen.« Korrekt wäre: *Hej allihopa!*

Lars sie einander vorstellt. Der sagt aber gar nichts, sondern lächelt ihm nur aufmunternd zu. Herr Müller fügt also hinzu »*Jag är Klaus Müller.*«

Lars' Freunde stellen sich ebenfalls der Reihe nach selbst vor: Kalle, Lasse, Bosse, Mikael, Anders und Magnus machen einen richtig netten Eindruck, das wird bestimmt ein lustiger Abend!

Die Herren bestellen die erste Runde Bier – es gibt hier wirklich alle möglichen Sorten, sogar tschechisches, ungefähr 5 Euro das Glas – und prosten sich zu: »*Skål!*«

Das Bier geht runter wie Öl, eine Wohltat an diesem heißen Tag, und so kommt man ins Plaudern. Kalle möchte wissen, was Herr Müller in Deutschland denn so macht, jobmäßig.

Das kann Herr Müller nun nicht so ohne Weiteres auf Schwedisch beantworten; er behilft sich daher mit einer bunten Mischung aus Deutsch, Schwedisch und Englisch: »*Jag är department chief, you know, Vertriebsleiter for Germany's biggest steel company. I control 2000 Vertriebs-Kollegen all over the country, so I work very mycket. Minimum 60 hours a week. In Tyskland we work very hard. So vi must come to Sweden to rest!*« Herr Müller lacht.

»*60 hours are just too much!*« antwortet Kalle, ansonsten sagt keiner etwas, sein Jobgeprahle hat ihnen offenbar mächtig imponiert. Herr Müller – nun doch etwas verunsichert, ob er sich gerade so wirklich beliebt gemacht hat – fragt nun seinerseits schnell auf Englisch nach, was denn die anderen beruflich so treiben. Kalle arbeitet mit Computern, Lasse im Rathaus und Bosse an der Börse, Mikael ist im Krankenhaus tätig, Anders in der Bank beschäftigt und Magnus arbeitet bei

Sony Ericsson. Über ihre jeweilige Stellung im Unternehmen lassen sie selbst so gar nichts verlauten, aber wie Lars Herrn Müller auf dessen Nachfrage vertraulich zuflüstert, haben sie allesamt und sonders richtig tolle Positionen. Das hätte Herr Müller nicht gedacht – so bescheiden und natürlich, wie die alle auftreten. Rausgeputzt ist auch keiner von denen, keine Rolex schlenkert am Handgelenk, keine Designerkleidung, keine handgenähten Schuhe, keine Schwaden exklusiver Herrendüfte, nichts dergleichen. Das kennt er ja aus Deutschland ganz anders – und geniert sich nun ein wenig, dass er seine berufliche Position vorhin so herausgestrichen hat.

Es wird höchste Zeit für das nächste Bier und Herr Müller bestellt beim Barkeeper frohgemut und in perfektem Schwedisch eine Runde für die ganze Gesellschaft: »*åtta stora pilsner, tack!*«*

»*Men nej nej, det behövs inte*«** wehren seine neuen schwedischen Bekannten die Einladung zum Bier einhellig ab, »*you don't need to do this, thank you!*«

Aber Herr Müller lässt sich nicht lumpen, zu wohl fühlt er sich in dieser Gruppe, das sind richtig nette Kerle – und darauf will er jetzt mal anstoßen! Acht große Pils mit herrlichen Schaumkronen werden alsbald serviert, Herr Müller hebt sein Glas und strahlt: »*Tack för inbjudan, ni är very nice people! Jag är happy to meet you!*« Kalle, Bosse, Lasse, Mikael, Anders, Magnus und natürlich auch Lars prosten herzlich zurück – und sehen dabei allerdings ein klein wenig beklommen aus, was Herrn Müller bedauerlicherweise entgeht.

* Acht große Pils bitte.
** Aber nein, nicht doch, das ist nicht nötig.

In einer fröhlichen Mischung aus Schwedisch, Englisch und Deutsch entspinnt sich nun ein lebhaftes Gespräch über Hobbys. Es stellt sich heraus, dass vier von seinen neuen Bekannten in der Freizeit passionierte Jäger sind. Da kann Herr Müller mitreden und fällt Kalle spontan ins Wort, der gerade von der letzten Elchjagd erzählt. So gut er kann, gibt er zu verstehen, dass er ebenfalls gerne jagen geht. Richtig in Fahrt gekommen, zählt er in einer wilden Mixtur aus Deutsch und Englisch begeistert die gesamten Details seiner teuren Jagdausrüstung auf, alles Sachen, auf die man als Jäger einfach nicht verzichten kann: Von der Funktionsunterbekleidung in gebürsteter Mikrofaser über den hochatmungsaktiven Tarn-anzug bis zur Moleskin-Thermojacke, vom Fleece-Ansitz-sack über die praktische Wendemütze und den unentbehr-lichen Jagdmuff bis zum Aqua-Dry Membranen-Stiefel – alles Markenware ›Made in Germany‹, versteht sich! Von seinem erstklassigen Gewehr natürlich ganz zu schweigen, eine nagelneue Winchester, Kaliber 308, in Luxusausführung! Er redet sich förmlich in Begeisterungsrage, gerät richtig ins Schwärmen und berichtet stolz von den riesigen Jagdgebie-ten seines Freundes Günther, bei dem er regelmäßig zur Jagd eingeladen ist. »*Vad spännande!*«* nicken seine schwedischen Zuhörer anerkennend und nehmen gedankenverloren noch einen Schluck Bier. Lars fügt lächelnd in seinem liebens-werten Deutsch hinzu: »Ja, in Deutschland braucht man eine Haufe Sachen zu die Jagd, hier in Sweden nehmen wir ein-fach die Gewähr und gehen raus.«

* Wie interessant!

Als Herr Müller durch Nachfragen herausfindet, dass jeder der vier Hobbyjäger eigene Jagdgebiete von mindestens 500 Hektar besitzt, wollen ihm die heimischen Jagdgründe gar nicht mehr so großartig erscheinen – er nippt verlegen an seinem Bier.

Die Gläser sind erneut fast leer, höchste Zeit für eine frische Runde! Den Wortfetzen nach zu urteilen, machen die sieben Schweden gerade untereinander aus, wer die nächste Runde schmeißen soll. Diese Diskussion dauert ein ganzes Weilchen; seltsam, denkt Herr Müller, warum bestellen die nicht einfach? Sicher ist dies die berühmte schwedische Diskussionskultur, von der er schon so viel gehört hat, alle müssen sich immer einig sein. Offenbar auch beim Bierbestellen.

Aber nun scheint alles geregelt, die nächste Runde Pilsner steht bereits auf dem glänzenden Mahagonitresen. »Prost« und *»Skål«* und *»välkommen till Sverige«* fliegen die Gesprächsbrocken.

Herr Müller hat unterdessen Hunger bekommen; es ist ja mittlerweile sechs Uhr durch, also höchste Zeit für einen kräftigen Imbiss. Er schlägt der Runde daher vor, etwas zu essen zu bestellen.

»Åh nej, tyvärr, vi ska hem snart«[*] tönt es da wie aus der Pistole geschossen aus allen sieben Schwedenkehlen, und die Herren schauen auf die Uhr, *»our wives are waiting, you know.«*

Das findet Herr Müller sehr schade, er hätte ja gern noch ein wenig mehr mit seinen neuen Bekannten geplaudert. Kurz entschlossen lädt er sie einfach spontan ins Ferienhaus zu Familie Müller ein, schon am nächsten Wochenende. *»We'll*

---

[*] Nein, leider nicht, wir wollen bald nach Hause.

cook original german food, bring your families, our stuga has a big garden!«

Sein Vorschlag wird wohlwollend aufgenommen: »*This sounds great! Thank you! We will ask our wives and inform you via Lars.*«

Der Abschied ist fröhlich und herzlich, man tauscht Grüße und nette Abschiedsfloskeln aus – dann ziehen alle acht Herren beschwingt ihrer Wege, heim zu Frau und Kindern.

Nicht alles geht runter wie Öl

Dieses Mal ist ja alles ziemlich gut gelaufen, bis auf wenige Ausnahmen, mit denen Herr Müller – wie nahezu jeder Tourist in Schweden – unmöglich vertraut sein konnte. So stellt man sich zum Beispiel in Schweden nahezu ausnahmslos selbst fremden Personen in einer Gruppe vor – und wird diesen nicht etwa durch Bekannte vorgestellt. Auch ist es absolut unüblich, die eigene berufliche Position derart auszuschmücken, wie Herr Müller es getan hat, und die Emphase auf die eigene Wichtigkeit, den großen Verantwortungsbereich und die harte Arbeit zu legen, die man leisten muss. Das wird in Schweden naturgemäß sofort als Angeberei ausgelegt und absolut nicht goutiert! Im Zweifelsfall ist es besser, einfach kurz zu erwähnen, in welcher Branche man arbeitet. So würde z.B. vermutlich auch Schwedens beste Werbefachkraft sagen: »Ich arbeite in der Werbung.« Und nur auf Nachfrage hinzufügen: »Ich arbeite (z.B.) als Art Director«.

In diesem Zusammenhang ist es vielleicht interessant zu wissen, dass in Schweden die Identifikation mit dem Beruf bei Weitem nicht so ausgeprägt ist wie z.B. in Deutschland, was sich auch in der Sprache ausdrückt: In Schweden sagt man eher »ich *arbeite als* Lehrer«, und nicht »ich *bin* Lehrer«. Oder: »Ich arbeite als Arzt«, und nicht (oder nur selten) »ich bin Arzt«. Die Gleichung »ich bin, was ich arbeite« geht also in Schweden nicht auf – was eine Spiegelung des erfreulichen Umstands sein mag, dass man in Schweden jederzeit Beruf und (Neu-)Ausbildung wechseln kann, ohne deswegen schief angesehen oder gar für zweifelhaft befunden zu werden.

Einer für alle? Jeder für sich!

In Kneipe, Restaurant oder Hotel eine Runde für die ganze Gesellschaft zu bestellen – das sollte man in Schweden lieber unterlassen. Zwar ist es schön, eingeladen zu werden – aber es verpflichtet zum Gegenzug! Und die von Ihnen eingeladenen schwedischen Teilnehmer der Runde denken sogleich mit Besorgnis daran, dass sie – wenn sie sich nach schwedischem Verständnis korrekt verhalten wollen – selbstverständlich eine der nächsten Runden schmeißen müssen. Bei Bierpreisen von um die 4-5 Euro pro Glas kommt da ganz schnell eine ansehnliche Summe zusammen. Eine Summe, die man im Urlaub als Tourist vielleicht leicht verschmerzt, die aber im schwedischen Alltags-Portemonnaie durchaus eine Lücke hinterlassen kann. Man kann sicher einwenden, dass die o.g. schwedischen Herren Banker, Ärzte und Industriebosse doch sicher das nötige Kleingeld haben werden. Nichtsdestotrotz ist man in Schweden aus Tradition sparsam, und jeder zahlt stets nur für sich, ob in obigem Zusammenhang oder auch bei romantischen Abendessen zu zweit. Halten Sie sich besser an diese Gepflogenheit – sie schadet Ihnen ja nicht.

Lasset die Schweden ausreden!

Seinen Gesprächspartnern ins Wort zu fallen, gilt in Schweden – wie ja eigentlich in anderen Ländern auch – als ausgemachte Unart; sie kommt hierzulande eigentlich nur nach ausgiebigem Alkoholgenuss vor. Legt man Wert darauf, einen höflichen und kultivierten Eindruck zu machen, sollte man seine schwedischen Gesprächspartner unbedingt ausreden lassen, auch wenn sie zwischen den Sätzen gegebenenfalls längere Gesprächspausen machen (diese sind zum Durchdenken und Vorbereiten der nächsten Aussage gedacht).

Waidmann oder Weihnachtsbaum?

Über die deutsche Tendenz zur Perfektion wurde und wird in Schweden oft (heimlich) gelacht, ganz besonders, wenn es um die superperfekte, in jeder Beziehung vollkommene, bis ins Detail geplante und teuer eingekaufte Jagdausrüstung geht. Dieser totale, ausrüstungsmäßige *Overkill* deutet nach schwedischer Ansicht auf einen gewissen Mangel an ›gesundem Menschenverstand‹ (*sunt människoförnuft*) hin und wirkt hierzulande eher lächerlich denn besonders professionell. Der so ausstaffierte deutsche Jäger erinnert seine schwedischen Jagdgenossen denn auch oftmals eher an einen üppig geschmückten Weihnachtsbaum als an einen Waidmann. Schwedische Jäger ziehen einfach Stiefel, Jacke und Kappe an, nehmen Büchse, Thermoskanne und Patronen – und gehen los in den Wald. Weder studieren sie vorher alle möglichen Kataloge, noch kaufen sie teuren Jagd-Krimskrams, der ihrer Meinung nach völlig unnötig ist. Und vom Jagen verstehen sie was! Daher sollte man in Schweden besser nicht mit seiner famosen Jagdausrüstung angeben, man macht sich damit doppelt lächerlich: einerseits, weil man überhaupt angibt, andererseits, weil man das bekannte Klischee vom perfektionistischen, alles habenden und kaufenden Deutschen damit einmal mehr bestätigt.

Essen gehen will geplant sein

Herr Müllers Verwunderung über die sofortige abschlägige Antwort auf seinen Vorschlag, Essen zu bestellen, ist verständlich, jedoch: Eine spontane Essenbestellung im Anschluss an eine gemütliche Kneipenrunde ist in Schweden sehr ungewöhnlich, denn Essen gehen im Restaurant wird meistens lange im Voraus geplant und ist eher ein besonderes Ereignis. Die Kultur des Ausgehens und Essengehens ist in Schweden – außer in den Großstädten – aus Tradition kaum ausgeprägt – die Kultur der Sparsamkeit hingegen überall seit jeher weit verbreitet. An den Abenden kostet das Essen in schwedischen Restaurants locker das Dreifache der preiswerten mittäglichen Tagesgerichte (*dagens rätt*) – und eine solche Ausgabe will kalkuliert und geplant sein. Herr Müller hat diese Situation aber sehr elegant gemeistert, indem er seine neuen Bekannten privat zum Essen einlud.

Unangemeldete Besuche

Mit der Tür ins Haus

Heute ist mal wieder so ein herrlicher Bummeltag – Urlaub, wie er sein soll! Frau Müller ruht gemütlich in der Hängematte, die zwischen zwei alten Bäumen im Garten des Ferienhauses aufgespannt ist, die Kinder liegen bäuchlings auf der Wiese und vergnügen sich mit ihren elektronischen Spielzeugen, Herr Müller dagegen genießt Sonne und Sommerdüfte vom Liegestuhl aus. Da man aber auch im Urlaub nicht den ganzen lieben langen Tag herumliegen mag, tauchen nach einer Weile die ersten Ideen auf, was man denn heute noch so anstellen könnte.

»Wir könnten ja vielleicht an den See fahren«, schlägt Frau Müller vor, »und auf dem Rückweg einfach mal unsere Vermieter, die Familie Andersson besuchen, die waren doch so nett und wohnen ja gar nicht weit von hier!«

»Gute Idee«, findet Herr Müller, »die werden sich bestimmt freuen.«

»Neee!« maulen Max und Klara, die wenig begeistert von solchen Besuchen sind, »da werden bloß wieder jede Menge Erwachsenen-Gesprächen geführt, stinklangweilig! Kaffee… Kuchen… wie geht's in der Schule und so weiter. Neee – kein Bock!«

»Die haben jede Menge Tiere«, lockt Frau Müller, »Pferde, Kühe, Schweine, Hunde, Katzen und Hühner – sogar eine

Kutsche. Die wohnen nämlich auf einem Bauernhof, das haben sie uns bei der Schlüsselübergabe erzählt.«

Jetzt werden Max und Klara doch ein wenig neugierig, Pferde und Kutsche, das hört sich gut an, findet Klara – Max ist außerdem ganz wild auf Hunde, am liebsten will er ja selbst einen haben. »Okay«, antwortet Max stellvertretend für die Kinder-Partei, »wir kommen mit!«

Herr und Frau Müller freuen sich über die schnelle Einigung – für Herrn Müller ist an diesem perfekten Tag sowieso einfach nur alles schön, Hauptsache kein Stress, kein Streit, keine Hektik! – Wunderbar, alle Müllers sind einig, es kann also losgehen. Taschen gepackt, Kühltasche gefüllt – und ab die Post.

Am See ist mal wieder kein Mensch – der ganze herrliche lange Sandstrand exklusiv für die Müllers! Nach ein paar genüsslichen Stunden, die sie mit Schwimmen, Tauchen, Schatzsuche, trickreichen Dammbauten, Picknick und Faulenzen verbringen, schütteln die Müllers sonnentrunken und träge den Sand aus ihren Kleidern, packen ihre Sachen ein und rüsten zum Aufbruch. Zum Ferienhausvermieter ist es nicht weit, nach kurzer Fahrt durch die betörend schöne Landschaft sind sie schon da.

Es ist halb sechs, sicher ist jemand zu Hause, denn all die Kühe, die sie freundlich von der angrenzenden Weide her anglotzen, wollen ja schließlich gemolken werden. Der Hund des Hauses kommt laut bellend auf sie zugelaufen und lässt sich erst mit einem Würstchen besänftigen, das Max beim Picknick extra für die Hunde aufgehoben hat. Max ist selig, streichelt und klopft ihn tüchtig.

Die Müllers versammeln sich vor dem Eingang, und Frau Müller klopft fröhlich an die Haustüre. Nach einer Weile öffnet diese sich langsam, aber nur einen Spalt, und Frau Andersson, die Ehefrau des Vermieters, schaut sie mit großen Augen durch den Türspalt an. Sie grüßt freundlich: »*Hej!*«

»*Hej hej*«, antworten alle Müllers und lächeln sie an.

»*Is there any problem with your cottage?*« fragt Frau Andersson besorgt.

»*No, no*«, antwortet Frau Müller, »*we are just on our way home to the cottage and thought we just might drop by and visit you for a little while.*«

»*Well then, come in*«, sagt Frau Andersson und bittet sie herein. Um hereinzukommen, müssen die Müllers jedoch zunächst wie die Störche mit großen Schritten eine riesige Ansammlung von Schuhen aller Art und Größe überwinden, die wild verstreut in der Diele herumliegen; auch die Garderobe, an der sie ihre Jacken ablegen, ist überhäuft mit Kleidungsstücken von mindestens hundert Bewohnern – so sieht es zumindest aus.

Frau Andersson entschuldigt sich zerknirscht für die Unordnung, die ihr sichtlich peinlich ist, worauf die Müllers lässig abwinken: »*Absolut no problem!*« Im Haus selbst sieht es aus wie vor hundert Jahren, hübsche altmodische Tapeten mit geblümten Bordüren, eine große alte Standuhr tickt gemütlich die Zeit, überall stehen ausgestopfte Auerhähne und Birkhühner herum, und an den Dielenwänden ist eine imposante Menge von Geweihen aller Art zu sehen. Es duftet ganz herrlich nach schwedischer Hausmannskost, sodass einem der Mund schon ganz wässrig wird – und richtig, die sechsköpfige

Familie Andersson ist gerade zum Essen um den großen alten Esstisch im gemütlichen Wohnzimmer versammelt und ruft den Müllers ein freundliches »*hej*« entgegen.

»*Oh sorry, vi ville inte störa*«*, sagt Herr Müller.

»*Ingen fara, det går bra*«** antwortet Herr Andersson und bietet ihnen die Sitzecke beim Fernseher an, »*var så god och sitt, just a minute!*«***

Die Müllers nehmen auf dem Sofa Platz und schauen zu, wie die Familie Andersson in aller Gemütsruhe eine köstliche Speisenplatte nach der anderen leert und sich dabei offenbar das Neueste vom Tage erzählt – in ziemlich kurzen Sätzen, mit langen Pausen dazwischen. Die Situation ist sowohl Frau als auch Herrn Müller sehr unangenehm, und insgeheim sind beide auch ein wenig verwundert, denn bietet man nicht Gästen – auch wenn diese unverhofft auftauchen – etwas an, und sei es nur der Form halber? Hier scheint es aber ganz normal zu sein, direkt vor den Augen der Gäste alles seelenruhig alleine aufzuessen. Max und Klara knurrt nun der Magen, so laut, dass man es sogar schon deutlich hört, aber selbst das lockt den Anderssons keine Angebote heraus.

Als die Familie schließlich aufgegessen hat, wendet sich Herr Andersson satt und offensichtlich sehr zufrieden wieder den Müllers zu und fragt freundlich: »*Jaha, hur går det med stugan? Har ni ett bra semester?*«****

»Oh ja!« entgegnet Herr Müller, »*allt är mycket bra, allt wonderful, we just stopped by to tell you.*«

---

* Wir wollten nicht stören.
** Kein Problem, das ist okay.
*** Bitte nehmt Platz.
**** Wie geht's mit dem Ferienhaus? Habt Ihr einen schönen Urlaub?

»*Vad fint*«, meint Herr Andersson, »*det är ju roligt att ni tycker det!*«*

»*We brought you a bottle of wine*«, Frau Müller zieht die hübsch verpackte Flasche badischen Weins hervor und überreicht sie dem Vermieter.

»*Tack så mycket!*« freut sich dieser, »*det hade ju inte behövts, men tack, tusentack!*«**

»*I have a question*«, sagt Herr Müller, dem anlässlich des duftenden Abendessens eingefallen ist, dass sie noch nie Elchfleisch gegessen haben, »*do you know where we could eat Elch? No restaurant with elch food anywhere here!*«

»*Ah*«, antwortet Herr Andersson, »*no problem, I have älgkött, you can buy it from me!*«

Und schon spurtet er los und bringt nach einer Weile einen großen, gefrorenen Fleischklumpen herbei, den er Herrn Müller in die Hände drückt. »*Bästa älgköttet in Sweden, from my own forest*«, strahlt er stolz, »*bara åttio kronor kilot!*«***

Das ist wahrhaftig ein guter Preis, und die Müllers freuen sich über diesen unverhofft günstigen »Einkauf«.

Klara, die nun auch aufgetaut ist, traut sich jetzt ebenfalls mit einer Frage hervor: »*Where are your horses and do you think I could take a ride?*«

»*Well, I can show you, lilla gumma****«, sagt Herr Andersson und führt Familie Müller zum Pferdestall, wo sieben prachtvolle Pferde in ihren Boxen stehen. Leider darf man sie nicht

* Wie fein, das ist ja schön, dass es Euch gefällt!
** Vielen Dank, das war doch nicht nötig, aber danke, tausend Dank!
*** Das beste Elchfleisch in Schweden, aus meinem eigenen Wald, nur 80 SEK/Kilo.
**** Meine Kleine

reiten, denn sie gehören fremden Privatpersonen und wohnen sozusagen nur bei den Anderssons, die sie gegen Geld
pflegen; doch Streicheln und Bürsten ist erlaubt, Klara ist
selig. Als sie dann auch noch Anderssons Katze mit ihren
entzückenden Jungen in einem Heuhaufen entdecken, sind
sämtliche Müllers endgültig für alle Peinlichkeiten und die
knurrenden Mägen versöhnt. Eigentlich sind diese Anderssons doch bezaubernde Leute – bisschen eigenartig zwar, aber
wirklich nett!

Nie sollst Du mich spontan besuchen!

Eigentlich eine nette Idee von den Müllers, ihre Vermieter
einfach mal so spontan zu besuchen. Leider trifft diese Idee
jedoch auf ein ganz anders geartetes schwedisches Besuchs-
verständnis: Spontane Besuche kommen in Schweden – außer
im nördlichen Teil des Landes – so gut wie nicht vor und
stellen darüber hinaus für die meisten Schweden den größten
anzunehmenden Albtraum dar. Man stelle sich nur vor, es sei
unaufgeräumt, alles liege herum – und nichts zum Anbieten
im Haus! Schauderhaft – und schon hat man einen schlechten
Ruf! Wenn also schon Besuch kommt, möchte man gut darauf
vorbereitet sein: Haus oder Wohnung werden penibel geputzt
und aufgeräumt, Getränke und Speisen werden – womöglich
von weit her – herangeschafft. Besuch zu bekommen stellt
also im Verständnis vieler Schweden ein größeres Unterfan-
gen dar, und man schätzt es in der Regel nicht, »überfallen«
zu werden. Wie Frau Andersson im obigen Beispiel geht man
bei spontanen Besuchen davon aus, dass irgendetwas passiert

sein muss oder nicht in Ordnung ist. Auf den Gedanken, dass einfach einmal jemand so ganz ohne Grund vorbeischaut, kommt man in Schweden nicht. Auch Nachbarn besuchen einander nur mit »Grund«, sei es, um eine Axt oder einen Traktor zu leihen bzw. in den Städten wohl eher ein Ei oder eine Zwiebel oder dergleichen.

Wenn man dann noch unangemeldet zur Essenzeit eintrifft, muss man darauf gefasst sein, dass einem nichts angeboten wird. Das ist eher die Regel als die Ausnahme – und lässt sich wohl auf noch nicht so lange vergangene Zeiten bitterster Armut zurückführen, die das Sparen und Haushalten mit Lebensmitteln in breiten Bevölkerungskreisen zur Folge hatte – was übrigens auch heute noch weitgehend praktiziert wird. Dies gilt übrigens oft auch für Kinderbesuche bei Freunden: Auch dann wird dem besuchenden Kind meist nichts angeboten, wenn die Familie sich zum Essen hinsetzt. Als ausländischer Besucher mag man das als geizig und unmöglich finden, in Schweden ist es hingegen völlig normal, so zu verfahren, und niemand findet etwas dabei.

Das Mitbringen einer Flasche Wein anlässlich eines Besuchs ist hingegen immer gern gesehen, und Herr Andersson hat sich richtig darüber gefreut! So dankt er mit einer freundlichen Geste seinerseits und bietet Elchfleisch zum Spottpreis an, zur großen Begeisterung der Müllers, denn nirgendwo in den Restaurants gibt es Elch zu essen. Zu guter Letzt sind also doch noch alle zufrieden und der »Überfall« auf einen schwedischen Privathaushalt ist gut ausgegangen!

Einladungen

Von Allergikern und Alkoholverweigerern

Nun ist er endlich da, der große Tag: Lars Karlsson, der ehemalige Arbeitskollege von Herrn Müller, und seine sechs Freunde Kalle, Lasse, Bosse, Mikael, Anders und Magnus haben tatsächlich zugesagt, diesen Samstag zusammen mit ihren Familien die Müllers in ihrem Ferienhaus zu besuchen. Das wird ein schönes Hallo, eine richtige Riesenparty, und Max und Klara freuen sich schon auf die anderen Kinder! Bevor ihre schwedischen Besucher nachmittags gegen vier auftauchen, haben die Müllers daher jede Menge zu tun. Ein großes Buffet wird angerichtet, ein paar Kästen Bier müssen gekühlt und jede Menge Stühle, Bänke und Tische zusammengestellt werden. Gottseidank ist richtig schönes Wetter, sodass man im Garten sitzen kann – im Ferienhaus wäre es wohl etwas eng geworden.

Kurz nach vier treffen alle sieben schwedischen Familien gemeinsam ein und parken ihre Wagen auf dem großzügigen Grundstück. Die warme sommerliche Luft ist erfüllt von fröhlichen *Hej Hej's* und Familie Müller ist mit der herzlichen Begrüßung eine ganze Weile beschäftigt. Alle Familien haben Blumen oder eine Flasche Wein dabei – für eine prachtvolle Tischdekoration und eventuell erforderlichen Getränkenachschub ist damit gesorgt. Die Müllers haben pro Erwachsenen eine Flasche Wein, zwei Flaschen Bier und ein paar Schnäpse kalkuliert, aber es könnte ja sein, dass sie damit vollends danebenliegen. Vom beträchtlichen Alkoholkonsum der Schweden, gerade am Wochenende, hat man ja schon so einiges gehört! Auch das Buffet ist reichlich bemessen, der lange Gartentisch biegt sich förmlich unter all den herrlichen Platten mit vielerlei Speisen. Ein typisch deutsches Garten-buffet ist es indes nicht geworden, denn beim gestrigen Ein-kauf im einzigen Supermarkt des Ortes waren weder deftige Würstchen noch Eisbein oder Sauerkraut zu finden. Dafür aber ein großer Topf mit Eiernudelsuppe, jede Menge Hühn-chenfilets auf chinesische Art (Spezialität von Herrn Müller), verschiedene eingelegte Fischspezialitäten, Fleischklößchen mit Sahnesauce (selbst gekauft von Max und Klara), hübsch dekorierte Eierhälften im Couscous-Bett, deftiger Schweine-braten, Kartoffelsalat, Nudelsalat (beide nach Frau Müllers Geheimrezept) sowie aufgeschnittene leuchtend bunte Paprika nebst Tomaten und Gurken.

Ob das mal alles reichen wird für so viele Gäste, denkt Herr Müller etwas besorgt, doch seine Frau beruhigt ihn mit Hin-weis auf die fünf Torten zum Nachtisch, die sie bereits vor Tagen gebacken und in der enormen Gefriertruhe des Ferien-hauses gelagert hat. »Zur Not kriegen wir unsere Gäste halt mit Nachtisch satt, wenn's gar nicht anders reicht!«

Alle sammeln sich nun um den großen speisenbeladenen Gartentisch, um den dicht gedrängt sämtliche Stühle und Bänke stehen, die Müllers in Haus und Schuppen auftreiben konnten. Insgesamt sitzen nun 30 Gäste um die große Tafel und schauen gespannt auf die Müllers. Herr Müller schenkt ihnen Getränke nach Wunsch ein, dann erhebt Frau Müller ihr Glas und heißt alle Gäste herzlich willkommen: »*Hej and herzlich welcome to our stuga! We are very happy to have you here! Skål!*«

Fröhliches Anstoßen, Gläserklirren, Murmeln. Für die Gäste ergreift Lars nun das Wort, denn er spricht ja Deutsch und dankt im Namen aller herzlich für die Einladung. Ein prachtvolles Kauderwelsch aus Schwedisch, Englisch und Deutsch entspinnt sich am Tisch, bis Frau Müller die Gäste herzlich auffordert, doch zuzugreifen: »*Smaklig måltid, take whatever you want!*«

Die Gäste nicken dankend und sehen sich auf dem Tisch um. Die Fleischklößchen und die Fischspezialitäten scheinen es ihnen besonders angetan zu haben, auch der Kartoffelsalat findet viele Liebhaber, Paprika und Gurken verschwinden im Nu. Alles andere bleibt hingegen ziemlich unberührt. Die Hühnchenfilets sind offenbar nicht als solche zu erkennen, einer nach dem anderen fragt interessiert, um was es sich bei diesem Gericht denn handele? Herr Müller sucht nach Worten – was heißt nur Hühnchen auf Schwedisch? Vermutlich ähnlich wie in Deutschland, kleines Huhn, wie nennt man das, ach, jetzt hat er's: »*Det är Küken*[*] *chinese, very tasty!*«

Die Gäste machen große Augen, einige werden rot, andere scheinen sich mühsam das Lachen zu verkneifen – Herr Müller versteht gar nicht, warum. Frau Müller zweifelt derweil insgeheim besorgt an ihren Kochkünsten und auch Herr Müller fragt sich im Stillen, ob denn Hühnchenfilets chinesisch so gar nicht den schwedischen Geschmacksvorstellungen ent-

---

[*] Exakt gleichlautend wie das schwedische Wort »*kuken*«, umgangssprachliche Bezeichnung für das männliche Geschlechtsteil.

sprechen. Er nimmt den breit grinsenden Lars diskret zur Seite und fragt ihn, ob denn die übrigen Speisen – also alles außer Fleischklößchen, eingelegtem Fisch, Kartoffelsalat und Rohkost – so grausig seien?

»Oh nein«, lacht Lars, »aber so viele von uns ist allergisch, die einen gegen Eier, die andere gegen Weizen, manche gegen *Smakverstärkung*. Viele vertragen auch keinen Milchprodukte. Das ist die Grund! Im Übrigen soll man der Küken nicht braten, ich erzähle Dich später, warum!«

Ja, an Nahrungsmittelallergien hatten die Müllers gar nicht gedacht, da müssen sie beim nächsten Mal unbedingt vorher nachfragen.

»Auf jeden Fall brauchen wir jetzt eine ganze Woche nicht kochen, bei den Mengen, die hier übrig bleiben«, flüstert Frau Müller schicksalsergeben ihrem Mann zu und grinst ihn an: »Dass Du mir jetzt bloß keine Allergie entwickelst!«

Als gute Gastgeber schicken beide Müllers sich nun an, die Wein- und Biergläser ihrer Gäste nachzufüllen, aber »*Tack, det är bra*«* lässt einer nach dem anderen sie wissen und bittet stattdessen um Softdrinks. Wie seltsam, nicht einmal guter Wein und leckeres deutsches Bier sind bei solch einem Gartenfest gefragt?

Herr Müller rauft sich insgeheim die Haare. Verstehe einer die Schweden! Er fasst sich daraufhin ein Herz und fragt seine Gäste mal ganz direkt: »*Don't you like wine and beer?*«

»*Oh, yes, we do!*« kommt sofort geschlossen die einhellige Antwort, »*but we have to drive home, the police, you know?*«

---

* Nein danke, ich habe genug.

Da lacht Herr Müller: »*The police? They are on holiday, no police nowhere, I have never seen one, come on, take a drink!*«

Aber nein, die Schweden haben offenbar ihre Prinzipien, denn keiner von ihnen rührt ein zweites Glas mit alkoholischem Inhalt an. Stattdessen fragen die Gäste die beiden Gastgeber, ob diese nicht ein deutsches Trinklied singen könnten? Oh weh, dazu fällt beiden Müllers so gar nichts ein, ratlos schaut Frau Müller zu ihrem Mann herüber.

»Macht nix«, sagt Lars, »wir singen eins!«

Und schon ertönt aus den Kehlen aller erwachsenen Schweden ein zünftiges schwedisches Trinklied »*Helan går, halvan går*«[*] und gleich drauf »*Med lingonröda näsor*«[**].

»Also vom Trinken singen können die, auch wenn sie mit Getränken ja viel zurückhaltender sind, als ich dachte«, flüstert Herr Müller seiner Frau zu.

Die Kinder der schwedischen Gäste sind derweil offenbar fertig mit dem Essen und wollen sogleich vom Tisch aufspringen, so wie sie es von zuhause gewohnt sind. »*Stay here, please*«, sagt Frau Müller da freundlich zu ihnen, »*let's wait until everybody has finished eating!*«

Alle schwedischen Kinder erstarren abrupt in ihrer Bewegung und schauen sie mit großen Augen an. »*It is much nicer to sit together until the meal is finished*«, klärt Frau Müller sie auf – und glaubt, ganz im Sinne der anwesenden Erwachsenen zu handeln – »*to run away is unpolite!*«

---

[*] Klassisches schwedisches Trinklied, übersetzt: »Die ganze Flasche weg, die halbe Flasche weg«.
[**] Klassisches schwedisches. Trinklied, übersetzt: »Mit preiselbeerroten Nasen«.

Das hätten die schwedischen Kinder nicht gedacht, denn davon hat ihnen nie jemand erzählt. Nach einem kurzen Wortwechsel mit ihrem jeweiligen Elternpaar bleiben sie, allerdings deutlich missvergnügt, sitzen und langweilen sich. Max und Klara Müller hingegen sitzen gesittet auf ihren Plätzen und lauschen neugierig der Unterhaltung. Gerade geht es um den Bau eines Baumhauses für Kinder und davon versteht ihr Vater ja eine ganze Menge, denn daheim haben sie auch schon zwei. Detailliert und gründlich legt Herr Müller nun allen Anwesenden dar, auf was dabei genau zu achten ist, welche Materialien in welcher Qualität man dazu braucht und wie exakt man vorgeht, damit das Ergebnis perfekt ist. Schließlich sollen ja die Kinder nicht von den Bäumen fallen! Die schwedischen Gäste lauschen seinem Vortrag still und höflich und nicken dabei anerkennend.

»Du solltest nach Sweden kommen und Baumhäuser für uns alle bauen«, sagt Lars freundlich, »erst dann werden sie richtig gut!«

Herr Müller freut sich über dieses große Lob und winkt lächelnd und auch ein wenig geniert ab; die feine Ironie in Lars' Worten ist ihm hingegen gänzlich entgangen.

Der Nachmittag schreitet rasch voran, nun ist es bereits früher Abend und auch schon etwas kühler geworden. Die Gäste rüsten zum Aufbruch und danken den Müllers herzlich für die Einladung. Wenn sie wieder mal nach Stockholm kommen, sind sie herzlich eingeladen, vorbeizuschauen, am besten ein paar Wochen vorher anrufen, damit man einen Termin machen kann, gerade die Wochenenden sind ja immer so schnell verplant! Die Müllers danken ihren Gästen, alle umarmen sich zum Abschied, nur die schwedischen Kinder sind recht zurückhaltend. Schließlich steigen alle in ihre Autos und brausen davon.

Petra und Klaus Müller machen sich stöhnend daran, die immensen Futterberge wieder abzutragen und in der Gefriertruhe zu verstauen, wo noch fünf gänzlich unberührte Torten warten. Das nächste Mal bieten sie einfach nur Fleischklößchen an, das ist wenigstens eine sichere Karte, dazu Limonade. Halt ein Menü wie bei Karlsson vom Dach – das scheint das Beste zu sein!

Einladung mit Tücken

Da haben es Herr und Frau Müller so gut gemeint und großzügig alles eingekauft und zubereitet, was auch immer ihren Gästen schmecken könnte! Leider haben sie die Rechnung ohne das schwedische Pflichtbewusstsein, ohne die schwedische Tendenz zum Bekannten und zum Maßhalten – und vor allem ohne die wahrhaft unzähligen schwedischen Allergien gemacht!

Wenn Schweden auswärts essen oder eingeladen sind und mit dem Auto kommen, trinken sie in der Regel nicht mehr als ein Glas Alkohol, denn die schwedische Gesetzgebung ist in diesem Punkt sehr streng, die Strafgebühren sind hoch und der Führerschein schnell weg. Im Zweifelsfall landet man gar im Gefängnis. In einem Land mit derartig großen Distanzen ist man in der Regel aber unbedingt auf seinen Führerschein angewiesen und kann es sich nicht leisten, diesen bloß wegen eines Glases zu viel zu riskieren. Das ist sicherlich gut nachvollziehbar. Die Müllersche Kalkulation von einer Flasche Wein, zwei Flaschen Bier und ein paar Schnäpsen pro Person war also ganz entschieden zu großzügig bemessen.

Ganz anders kann es sein, wenn Nachbarn auf dem Lande miteinander etwas feiern. Da kommt es auch heute noch vor, dass sich jeder seinen Alkohol (gern Schnaps, nicht selten selbst gebrannt) selbst mitbringt und dann die Flasche zu seinen Füßen unterm Tisch abstellt – ein Relikt aus vergangenen Zeiten, da zum einen der (verteufelte) Alkohol nicht sichtbar sein sollte und man zum anderen dem einladenden Nachbarn keine zu großen Kosten für die Beschaffung von Alkohol zumuten wollte. Zu solchen Gelegenheiten wurde der Schnaps, besonders im Norden des Landes, gern in den großen Schneewehen entlang der Straße gekühlt, die es dort oben ja durchaus bis zu acht Monate lang geben kann. Eine Anekdote besagt, dass in diesen Fällen der eingeweihte jeweilige Dorfpolizist rechtzeitig bei den fröhlichen Trinkern hereinschaute und die Eigentümer der Flaschen warnte, bevor der Schneeräumwagen kam…

Was ausländische Besucher und Einwanderer hingegen oft überrascht, ist die schwedische Mäßigung beim Zugreifen, wenn etwas angeboten wird. Niemand baggert sich große Mengen auf seinen Teller, man isst bescheiden und lieber öfter kleine Mengen – so wie es in Schweden als angebracht gilt. Eine heiße Schlacht am kalten Buffet wird man in Schweden daher kaum erleben.

Was manchen ausländischen Gastgeber hingegen arg betrüben kann, ist, dass viele der liebevoll zubereiteten Speisen unter Umständen gar nicht oder kaum angerührt werden.

Zum einen ist man in Schweden zunächst oft vorsichtig mit neuen Speisen (insbesondere ältere Landbewohner halten sich da gern zurück) und greift lieber zum Altbekannten, zum anderen sind in Schweden Nahrungsmittelallergien sehr weit verbreitet. Nahezu jeder ist gegen irgendetwas allergisch, sei es Milch, Getreide, Eier, Nüsse etc. Daher ist unbedingt anzuraten, sich rechtzeitig vor dem gemeinsamen Essen bei den Gästen nach eventuellen Nahrungsmittelallergien zu erkundigen, damit man nicht buchstäblich auf einem großen Berg unberührter Speisen sitzen bleibt. Eine solche Rückfrage ist in Schweden selbstverständlich und gehört häufig sogar zum guten Ton.

Küken sollte man seinen schwedischen Gästen allerdings nie und unter keinen Umständen anbieten, denn das gleichlautende schwedische Wort »kuken« bezeichnet nichts anderes als das männliche Geschlechtsteil. Kein Wunder also, dass die Gäste erröteten, sich verschluckten, verschämt lachten oder gar entsetzt dreinschauten, als Herr Müller ihnen gebratenes Küken zum Verspeisen anpries. Im Zweifelsfalle also lieber auf eine direkte Übersetzung aus dem Deutschen verzichten – auch wenn sich viele Worte noch so ähnlich sind!

Zum Thema Erziehungsversuche an schwedischen Kindern gilt zu sagen: Man sollte es lieber bleiben lassen, auch wenn es gewiss manchmal schwerfallen mag. Schwedische Kinder genießen eine sehr freie Erziehung mit äußerst wenigen Regeln und Einschränkungen und können meist tun und lassen, was sie wollen; sie reagieren daher recht erstaunt und stillschweigend pikiert, wenn Außenstehende ihre Erziehungskünste an ihnen erproben – und das gilt auch für ihre

Eltern, die sich (insgeheim) die Einmischung anderer verbitten und sehr übel nehmen. Vermutlich hat man die besagte schwedische Familie dann zum letzten Mal gesehen. Im Interesse eines friedlichen und wohlgesonnenen Beisammenseins wäre Frau Müller also zu raten gewesen, sich lieber auf die Zunge zu beißen, als in Deutschland gültige Tischregeln auf schwedische Kinder anwenden zu wollen.

Was die Tischgespräche betrifft: Man sollte in jedem Fall vermeiden, lange detaillierte Vorträge – wie Herr Müller zum Thema Baumhaus – zu halten und die schwedischen Gäste damit zu ermüden. Sicherlich werden sie nichts sagen, sondern nur gelegentlich ein »*Vad spännande*« (wie spannend) oder »*jätte intressant*« (sehr interessant) von sich geben, gern auch ein »*säger du det?*« (meinst Du wirklich) oder »*jaha*« (ach so). Im Grunde genommen werden sie sich vermutlich langweilen, was sie aus Höflichkeit natürlich niemals zum Ausdruck bringen – und von Herzen froh sein, wenn der Vortrag endlich zu Ende ist. Denn Vorträge sind nur in Universitäten, Kirchen und eigens dafür anberaumten Veranstaltungen angebracht, im privaten Gespräch haben sie in Schweden nichts zu suchen.

Im Übrigen läuft auch hier der unwissende Herr Müller wieder Gefahr, für einen Wichtigtuer gehalten zu werden, da man zum einen in Schweden keine Vorträge hält – und zum anderen schon gar nicht über eigene Kunstfertigkeit und persönlichen Sachverstand, das gilt ganz entschieden als Angeberei. Was denn auch Lars mit seiner freundlichen, offenbar bewundernden Bemerkung spiegelte, in der ein (für Schweden) deutliches Maß an Ironie mitschwang.

Bei allen Fettnäpfchen, in die Müllers auch diesmal wieder getappt sind, bleibt erfreulicherweise festzustellen, dass sie jedenfalls von ihren schwedischen Gästen zum Gegenbesuch eingeladen wurden, was oft keineswegs selbstverständlich ist und daher eine gewisse Bedeutung hat. Wollen wir nur hoffen, dass sie es das nächste Mal nicht wieder mit den Gastgeschenken übertreiben, sich nicht viel zu fein machen und sowohl beim Verzehr als auch im Umgang mit den anderen Gästen ein wenig schwedische Bescheidenheit walten lassen.

In der Sauna

Nackte Tatsachen über ein züchtiges Land

Familie Müller macht heute mal einen Tagesausflug ins Erlebnisbad, das haben die Kinder sich von Herzen gewünscht! Denn dort gibt es ein Wellenbad, irre lange Wasserrutschen, aufregende Rutschtunnel, Hängebrücken, Lagunen, Plastikflöße, auf denen man umhertreiben kann, dazu ein Fitnessstudio, eine Sauna, ein Dampfbad, ein Restaurant – einfach alles und für jeden etwas. Frau Müller liebäugelt mit dem Fitness-Studio, um ein paar Urlaubspölsterchen zu bekämpfen, Herr Müller, der es lieber gemütlicher angehen lässt, freut sich aus dem gleichen Grunde schon auf die Sauna!

Nach einer dreiviertel Stunde Fahrt sind sie am Erlebnisbad angekommen und stellen sich in die ziemlich lange Warteschlange, die aber verhältnismäßig zügig abgefertigt wird. Sie kaufen Tagesbändchen zum Familien-Spezialpreis an der Rezeption, dann brauchen sie drinnen – außer im Restaurant – gar nichts mehr zu bezahlen, das ist praktisch. Max und Klara können es einfach nicht mehr abwarten und sausen blitzgeschwind in Richtung Umkleidekabine; als Treffpunkt wurde vorher das Restaurant ausgemacht, falls man einander drinnen verlieren sollte.

Die Eltern Muller lassen es hingegen gemächlicher angehen – man hat ja schließlich Urlaub – und gönnen sich nach dem

Umkleiden erst einmal eine wohltuende, lange Schwimm-
runde im herrlich großen Bassin. Dort geht es ganz unerwar-
tet gesittet zu, nicht so ein Gespritze und Getöse wie daheim,
wo man Slalom schwimmen muss, um schmerzhaften Kontakt mit den Armen oder Beinen wilder Mitschwimmer zu
vermeiden.

»Hach, herrlich dieses Schweden!« seufzt Frau Müller
zufrieden, während sie entspannt in die Rückenlage wechselt,
»sogar im Schwimmbad hat man seine Ruhe, hätt' ich nicht
gedacht!«

Herr Müller fühlt sich ebenfalls wohl wie der sprichwörtliche Fisch im Wasser, lässt sich gemütlich von den Wellen
tragen und schaut währenddessen Max und Klara zu, wie sie
im Nachbarbassin ausgelassen herumtoben und vor Vergnügen lauthals kreischen. Die schwedischen Kinder kreischen
gar nicht, fällt Herrn Müller auf, wie das nur kommt? Ob die
Eltern ihnen das verbieten? Nun ja, ist ja nicht sein Problem,
Hauptsache, seine Kinder sind fröhlich und zufrieden, das
darf man ihnen gerne anmerken!

Nach einer kleinen Ruhepause am Pool, in der sie köstliche tropische Fruchtsaft-Cocktails – selbstverständlich ohne
Alkohol – schlürfen, macht sich Frau Müller frohgemut auf
den kurzen Weg ins Fitness-Studio, Herr Müller dagegen
nimmt seine Saunatasche und spaziert in Richtung Sauna.
Hier ist er ja im gelobten Land der Saunakultur – und schon
ganz gespannt, ob Saunen in Schweden genauso funktioniert
wie daheim.

Er schließt seine Tasche im Spind ein, nimmt sein Handtuch und betritt splitterfasernackt, wie die Götter ihn schu-

fen, die Sauna – ganz wie zuhause. Drinnen sitzen allerdings ausschließlich Damen, alle in Badekleidung oder in große Handtücher eingewickelt, die ihre Blößen verbergen – und schauen überrascht zu ihm auf. Herr Müller denkt sich nicht viel dabei – er ist gemischte Saunen ja gewohnt – sondern legt sein Handtuch auf eine der Bänke, nimmt Platz und schließt genüsslich die Augen. Während er so vor sich hinschwitzt, bemerkt er, dass mächtig viel Bewegung in die Sauna gekommen ist – und als er die Augen wieder öffnet, ist er ganz allein.

Was ist denn jetzt los? Hat er was falsch gemacht? Irritiert verlässt er die Sauna und schaut sich um. Und richtig – auf einem wahrhaft winzig kleinen, kaum sichtbaren Schild rechts neben der Tür steht es: »*för kvinnor*«* – also eine Frauensauna. Hätten die Damen nicht mal was sagen können? Oh Gott, schöne Pleite, denkt Herr Müller und schämt sich sehr, nichts wie hin zur Herrensauna, da kann ja dann wohl nichts mehr schiefgehen! Die Herrensauna befindet sich in einer anderen Region der »*Spa-Avdelning*«**, an der Tür ebenfalls nur ein winzig kleines Schild »*för män*«***. Warum die Schilder hier immer alle so klein sind, fragt sich Herr Müller, während er – wieder in voller nackter Mannespracht – die Herrensauna betritt. Auch diese ist gut besucht, allerdings ist nicht einer der Schwitzenden nackt! Alle haben samt und sonders große Handtücher um ihre Lenden gewickelt und schauen verwundert zu ihm auf. Herr Müller ist perplex und

* Für Frauen
** Wellness-Abteilung
*** Für Männer

drapiert schnellstens sein eigenes Handtuch um seine edlen Teile. Sind die Schweden denn so prüde? Alle angezogen in der Sauna – und Männlein und Weiblein streng für sich? Das hätte er nicht gedacht, da hat er ja ganz andere Sachen gehört. Die Schweden, die sollen doch so freizügig sein, die schwedische Sünde, die Nacktkultur, all das. Dagegen ist es ja zuhause richtig ungehemmt, da ist gemischtes Saunen ja völlig normal, alle sind selbstverständlich nackt – und ab und zu mal ein Saunaaufguss mit Slivovitz oder anderen Köstlichkeiten. Ob es das hier wohl auch gibt? Ein Saunaofen mit heißen Steinen steht ja da.

Freundlich spricht er seinen Banknachbarn an: »*Excuse me, do they put alcohol on the hot stones here?*«

Der gefragte Herr reißt die Augen auf und starrt Herrn Müller an, als habe er einen Marsbewohner vor sich. Er verschluckt sich fast beim Sprechen, als er antwortet: »*Alcohol on the stones?? Alcohol is for drinking! We never put it on the stones, we drink it ourselves! Much too expensive!*«

Als Herr Müller ihm erzählt, dass in Deutschland sowohl alkoholische Saunaaufgüsse als auch eine gemischte Sauna mit lauter nackten Frauen und Männern ganz normal sind, staunt sein Banknachbar nicht schlecht und lächelt verschmitzt: Nun will er unverzüglich einen Urlaub in Deutschland buchen, diesem sittlich ungehemmten Land voller frivoler Genüsse! Alkoholaufgüsse in der Sauna – das muss er mal seinen Freunden erzählen! Auch die anderen Saunagänger sind nun hellhörig geworden und mischen sich – ganz untypisch für Schweden – fröhlich ins Gespräch ein. Sie fragen, ob man denn nicht einen Bus mieten und gemeinsam ins deutsche

Sündenbabel fahren könnte, so eine Art organisierter Tour voller herrlicher Ausschweifungen: Nackte Frauen und Alkohol in der Sauna – das muss das Paradies sein!

Herr Müller lacht – als so hemmungslos hat er sein Heimatland bisher eigentlich gar nicht empfunden, aber im Vergleich zu Schweden scheint es doch zuhause um einiges lockerer zuzugehen. Wieder was gelernt! Wird ihm zuhause zwar sicher keiner glauben, zu tief sitzt die Vorstellung von der schwedischen »Sünde«, aber das kann ihm ja egal sein.

Nun wird es ihm langsam zu heiß, Herr Müller verabschiedet sich daher von seinen neu gewonnenen Saunakumpeln, die ihm ein vergnügtes »*hej då!*«* zurufen, als er die Sauna verlässt.

Es ist Essenszeit – vor dem Restaurant steht schon eine lange Schlange, und richtig, da stehen auch Max, Klara und Frau Müller und warten auf ihren nunmehr gut durchgegarten Familienvater. Die Schlange verkürzt sich schnell und bald sind sie dran. Müllers sind ja jetzt schon gewiefte Schwedenurlauber und wissen nunmehr, dass sie erst bezahlen und dann selbst ihr Essen holen müssen. Fröhlich schmausend berichten sie sich bei Tisch ihre diversen Abenteuer: Max ist im Wasser mit dem Kopf an eine Plastikinsel geknallt, Klara ist in der Dusche ausgerutscht, Frau Müller ist gar nichts passiert und Herr Müller erzählt vergnügt – und etwas peinlich berührt – von seinem denkwürdigen Ausflug in die schwedische Saunakultur. Max und Klara kichern um die Wette, Frau Müller lacht aus vollem Hals und sagt: »Die halten Dich jetzt

* Tschüss!

sicher für einen Hobby-Exhibitionisten, wer weiß, vermutlich glauben die jetzt, wir Deutschen sind alle so! Nackt, wo es nur geht – und sogar in der Sauna nix als Alkohol im Kopf!«

Ja, manche Dinge in Schweden sind offenbar genau andersherum, als man sie sich vorstellt... Aber alle Müllers sind sich einig: Dies ist wieder mal ein gelungener Urlaubstag!

Kann denn Sauna Sünde sein?

Die Verwunderung von Herrn Müller ist gut nachvollziehbar: Passt doch die strikte Trennung von Männer- und Frauensauna sowie das jeweilige züchtige Verhülltsein auch bei hohen Temperaturen gar nicht so zu dem Bild, das man sich allgemein von den »freien« Schweden macht. In Schweden hingegen ist diese Trennung so selbstverständlich, dass sie keiner größeren Erklärung bedarf. Gemischte Saunen haben in Schweden häufig eine eindeutig sexuelle Konnotation und sind daher wohl eher entsprechenden Privatveranstaltungen und Clubs vorbehalten, die man mit eindeutigen Absichten aufsucht. Alle anderen Saunen sind nach Geschlechtern getrennt.

Ja, die Beschilderung: Damit ist es in Schweden überhaupt so eine Sache – sie ist, in welchem Zusammenhang auch immer, meistens minimal und sehr diskret. Sie fällt daher den werbeübersättigten ausländischen Touristen kaum auf, die es gewohnt sind, in ihren Heimatländern von Reklametafeln und Schildern aller Art regelrecht erschlagen zu werden. Die kleinen bescheidenen schwedischen Schilder werden daher gern und oft von ihnen übersehen – und so verfährt man sich gern, findet Geschäfte nicht oder geht – wie Herr Müller – frohgemut in die falsche Sauna. Die dann noch nicht einmal – wie Herr Müller selbstverständlich voraussetzt – zum Nacktsein da ist, sondern zum züchtig verhüllten Schwitzen. Seine freundliche Frage nach alkoholischen Sauna-Aufgüssen wird übrigens sicher noch lange für Erheiterung sorgen – in einem Land, in dem der Alkoholkonsum staatlich so stark reglementiert und so teuer ist wie kaum irgendwo sonst in Europa.

Die schwedische »Sünde« und die nackte Wahrheit

Das kleine Land Schweden wird von ausländischer Seite seit vielen Jahrzehnten mit enthemmter Freikörperkultur, fröhlich-unbekümmerter Nacktheit und nicht zuletzt auch mit der Produktion massenhafter pornografischer Publikationen und Filme assoziiert. Wobei zu sagen ist, dass z.B. in letzterem Punkt die entsprechende Produktion in Deutschland die in Schweden um ein Vielfaches übertreffen soll. Der Grund für die verbreitete Annahme ausgeprägter sexueller schwedischer Freizügigkeit ist z.B. in den Veröffentlichungen von Filmen wie »Sie tanzte nur einen Sommer« (Regisseur Arne Mattson) sowie auf die Ingmar-Bergman-Filme »Der Sommer mit Monika« und vor allem »Das Schweigen« zu suchen, die in den 60-er Jahren des vorigen Jahrhunderts erstmals mehr oder weniger hüllenlose Menschen zeigten – was seinerzeit einer Revolution gleichkam. Damals setzte sich das Bild von den sexuell enthemmten Schweden allenthalben in den (ausländischen) Köpfen fest. Auch die in Schweden relativ früh als Schulfach eingeführte und dabei recht nüchtern vermittelte Sexualkunde trug dazu bei, den Ruf der Schweden als sexuelle Libertins weltweit zu festigen. Umso verwunderter reagieren daher viele Besucher – wie Herr Müller – wenn sie feststellen, dass im schwedischen Alltag von dieser vermeintlichen Durch-und-durch-Sexualisierung so gut wie nichts zu finden ist. Männlein und Weiblein schauen einander in Schweden kaum an; außerhalb der drei Großstädte Stockholm, Göteborg und Malmö ist die Kleidung häufig im Unisex-Stil und changiert meist zwischen praktisch und ländlich züchtig – bis auf die Kleidung weiblicher Teenager und ganz junger Frauen, die, wie überall in der Welt, durchaus recht gewagt sein kann.

Zur Nacktheit und zum Sex hat man in Schweden oftmals ein ähnlich nüchternes Verhältnis wie z.B. zum Essen und Trinken – Nacktsein (zuhause!) ist gesund, die Befriedigung der Grundbedürfnisse ist halt physiologisch notwendig und man macht nicht viel Wesens darum. Keineswegs ist die schwedische Gesellschaft derart übersexualisiert wie z.B. die deutsche oder die amerikanische. Sex findet hierzulande im Privaten statt und Worte werden darüber praktisch nicht verloren. Auch Anzüglichkeiten und Zoten sind in Schweden nicht populär – und die Reduktion einer Frau zum Sexualobjekt schon gar nicht. Es liegen also wahrlich Welten zwischen dem Ruf Schwedens als sexuell sehr freizügigem Land und dem tatsächlichen schwedischen Alltag.

Meetings

Kein Landeplatz für Überflieger

Während seines Urlaubes ist – Gott sei's geklagt – von seiner deutschen Firma ein Meeting mit der schwedischen Tochtergesellschaft in Eskilstuna anberaumt worden, und Herr Müller muss als Vertreter dort hin, ob er nun will oder nicht. Zum Glück ist der Treffpunkt nicht weit entfernt, alle Unterlagen, auch die neueste Powerpoint-Präsentation zum Thema Stahlveredelung, hat er bereits in Deutschland vorbereitet. Auf dieser Grundlage wollen die Teilnehmer die zukünftigen gemeinsamen Maßnahmen zur Vermarktung der neuesten Produktentwicklungen in Übersee diskutieren. Als offizieller Repräsentant eines großen deutschen Stahlhandelsunternehmens muss er beim Meeting natürlich einen guten Eindruck machen, also kleidet er sich in einen standesgemäßen Dreiteiler, dazu Schuhe von Brooks Brothers, Brille von Armani, Schlips von Cerrutti, zur Abrundung ein Spritzer Aftershave von Dolce & Gabbana. Perfekt! Dann Laptop und Projektor eingepackt, Frau und Kinder geküsst und los geht's.

Die schwedische Tochtergesellschaft seiner Firma residiert am Stadtrand von Eskilstuna und ist schnell gefunden. Herr Müller parkt sein Auto und geht schwungvoll zum Eingang, wo ein freundlicher Portier ihm den Weg zum Konferenzraum weist. Dort sitzen bereits vierzehn Leute um den Tisch

herum, davon die Hälfte Frauen, wie man das von den fort-
schrittlichen Schweden auch nicht anders erwartet hätte.
Der Konferenzleiter stellt ihn den Anwesenden vor, die allesamt recht lässig gekleidet sind und Herrn Müller mit einem
freundlichen »*Hej hej*« begrüßen. Danach werden ihm die
anderen Teilnehmer vorgestellt, nur mit dem Vornamen, so
wie es für Schweden typisch ist. Die gesamte Konversation
erfolgt ihm zuliebe auf Englisch, was Herrn Müller ziemlich erleichtert. Nach einleitenden Worten und humorvollem
Smalltalk – der etliche Minuten in Anspruch nimmt – geht es
dann endlich zur Sache.

Der Konferenzleiter umreißt noch einmal kurz den Anlass
des Meetings und fragt entspannt in die Runde, was man sich
denn bisher so für Gedanken darüber gemacht habe. Stille.
Eine ganze Weile sagt zunächst niemand etwas, was Herrn
Müller ziemlich verwundert. Schließlich ergreift einer der
Herren das Wort und teilt mit, dass er vielleicht eine Idee
hätte, nichts Besonderes, er wisse auch nicht, ob es eine wirklich gute Idee sei. Der Konferenzleiter ermuntert ihn, Nähe-
res zu berichten, und besagter Herr führt in kurzen Worten
eine mögliche Strategie aus, die natürlich aber erst ordentlich
geprüft und gemeinsam verabschiedet werden will – und vielleicht ja auch gar nicht anwendbar ist.

Herr Müller ist irritiert: Warum trägt er seine Anregungen
vor, wenn er doch gar nicht von seiner Idee überzeugt ist? Viel
weiter kann er seine Gedanken nicht spinnen, augenblicklich
ergreift der Nächste das Wort, eine Dame zur Rechten von
ihm. Sie hätte vielleicht auch eine Idee, lässt sie hören, und
entwirft ein mögliches Szenario von Vermarktungsaktivitä-

ten, auch dieses in wenigen Sätzen – und wiederum mit dem Zusatz, dass das natürlich nur eine erste kleine Idee sei und man erst mal weiter schauen müsste. Alle hören ihr aufmerksam zu. Der nächste Meeting-Teilnehmer macht es genauso und skizziert in Kürze seine Gedanken zum Thema, dies auf die gleiche bescheidene und zurückhaltende Weise wie seine Vorgänger.

Nun wendet sich der Konferenzleiter an Herrn Müller: *»Klaus, would you like to tell us which kind of marketing activities our parental company would suggest in this case?«*

Jetzt ist Herr Müller in seinem Element! Mit großem Elan breitet er Laptop und Projektor vor sich aus und beginnt mit seinem gut vorbereiteten Vortrag. Ausführlich und detailliert berichtet er von den Ergebnissen der Strategiemeetings der Muttergesellschaft und zaubert dann mithilfe des Projektors die entsprechende Powerpoint-Präsentation an die Wand. Nachdem er eine halbe Stunde vorgetragen hat, ohne dass ihn jemand unterbrochen hätte, kommt er zum Eigentlichen, nämlich der konkreten Ausführung der Vermarktungsaktivitäten. Auch da hat er bereits alles fertig vorbereitet – und zählt Punkt für Punkt die erforderlichen Schritte, Maßnahmen und kalkulierten Kosten auf. Die schwedischen Teilnehmer lauschen ihm aufmerksam und angestrengt, niemand unterbricht, niemand fällt ihm ins Wort. Wie angenehm, denkt Herr Müller, welch' ein Unterschied zu den Meetings daheim, wo sie alle gleich mit Gegenargumenten loslegen, sobald man nur den Mund aufmacht!

Als er mit seiner Darbietung fertig ist, ist es ganz still im Raum. *»Jaha«*, sagt der Konferenzleiter nach einer Weile,

»*I guess we need a break, how about some coffee and cinnamon buns?*«

Noch bevor er ausgesprochen hat, erheben sich die schwedischen Teilnehmer erleichtert und schreiten geschwind zum langen Sideboard, auf dem Thermoskannen mit Kaffee und große Flechtkörbe mit Zimtwecken aufgebaut sind, dazu Tassen, Löffel, Milch und Zucker. Teller gibt es keine, stattdessen legt jeder Teilnehmer seine Zimtwecke einfach auf eine Serviette und isst sie aus der Hand. Ganz schön lässig, diese Schweden, denkt Herr Müller bei sich und beißt genüsslich in seine köstliche schwedische *kanelbulle**.

Nach einer guten Viertelstunde Pause nimmt man wieder am Konferenztisch Platz, auch die übrigen Teilnehmer legen nun ihre bisher entwickelten Vermarktungsstrategien dar, wie zuvor in gleicher Zurückhaltung und Kürze der Ausführung. Der Konferenzleiter notiert sämtliche vorgeschlagenen Ideen in Stichworten auf einem Flipchart; dann ist es auch schon an der Zeit für die Mittagspause. Gemeinsam geht man in die Kantine der Firma und stellt sich in die lange Warteschlange zu den anderen Angestellten. Fünf verschiedene Tagesgerichte, davon eines für Vegetarier und eines für Glutenallergiker sowie ein großes Salatbuffet lassen keine Wünsche offen. Zufrieden schmaust Herr Müller mit seinen schwedischen Kollegen am größten Tisch des Raumes, an dem alle Teilnehmer Platz finden. Da alle einander und auch ihn ständig duzen, fällt die übliche Steifheit und Förmlichkeit erfreulicherweise weg, alles ganz entspannt – und Herr Müller fühlt

---

* Zimtwecke

sich einfach prächtig, fast wie unter Freunden. Daher nutzt er jetzt mal diese ideale Gelegenheit, die anderen Konferenzteilnehmer zu fragen, was sie denn von seinen vorgeschlagenen Marketingmaßnahmen halten. Fünfzehn schwedische Augenpaare sehen ihn jetzt ratlos, ja fast irgendwie ängstlich an; gleichzeitig ist es totenstill am Tisch geworden, hat er denn was Falsches gesagt?

»*Oh yes*«, bemüht sich schließlich einer der Anwesenden zu antworten, »*your ideas are very interesting, very good preparation!*«

Danach geht das Tischgespräch jedoch gleich wieder zu Alltagsthemen über, Sport, Wochenende, Familie, Urlaubspläne. Ganz anders als zuhause in Herrn Müllers Firma, wo man auch in der Kantine meistens über die Arbeit, Meetings und Chefs spricht – und dabei gern auch mal über Kollegen herzieht. Hier in Schweden scheint ja vieles ganz anders zu sein.

Ebenso fällt Herrn Müller auf, dass keiner der schwedischen Kollegen nach dem Essen dem üblichen Laster frönt und rauchen geht. Vorbildlich! Zuhause kennt er ja einige Kollegen, die ohne ihre Zigarette nach dem Essen nachmittags gar nicht arbeitsfähig wären, wie sie selber zugeben!

Im Anschluss an die Mittagspause gestaltet sich das weitere Meeting leider etwas träge, die Teilnehmer scheinen allesamt äußerst müde vom Essen. Gerade jetzt, wo die bisher festgehaltenen Stichpunkte diskutiert werden sollen. Herr Müller ist schon sehr gespannt auf die Resultate – und darauf, wie das hier vonstattengehen wird. Zuhause in der Firma, da ist eine Diskussion im Meeting ja oft der reinste Hahnenkampf, einer übertönt den anderen, fällt ihm ins Wort, macht sich wichtig – und wer am lautesten/meisten spricht, hat – oder bekommt – oft genug recht. Mal sehen, wie das hier wohl wird!

Die Diskussion entspinnt sich jedoch zäh, verschiedene Teilnehmer hantieren unterdessen gar mit ihren Mobiltelefonen (›Schicken die etwa SMS mitten im Meeting?‹ fragt sich Herr Müller erstaunt), doch allmählich kommt man wieder etwas in Fahrt, nicht zuletzt dank des frisch aufgebrühten Kaffees, den der Konferenzleiter aus der Kantine mitgebracht hat. Sekretärinnen scheinen die hier keine zu haben, denkt Herr Müller, bei uns in Deutschland würde ja wohl kaum ein Chef selbst den Kaffee servieren. Zu seiner Enttäuschung fällt die anschließende Diskussion für seine Verhältnisse leider ziemlich schlapp aus und erschöpft sich im Wesentlichen in der Empfehlung, für die bisher erarbeiteten Punkte jeweils entsprechendes Zahlenmaterial aufzubereiten – und einen Termin für das nächste Meeting auszumachen.

Und pünktlich gemäß Agenda wird das Meeting schließlich beendet. Keine konkreten Resultate, kein Beschluss, keine aktive Umsetzung von Maßnahmen, überhaupt keine weiteren Todos – Herr Müller ist irritiert! Ist er dafür extra hergekommen? Und all seine Vorbereitungen – wozu waren die nun gut?

Na ja, jedenfalls hat er mal einen Einblick in die schwedische Geschäftskultur gewonnen, geht ja auch dort recht gemütlich zu, wie offenbar überall in Schweden. Überanstrengt hat er sich jedenfalls nicht, ganz im Gegenteil – vollkommen ungestresst und total entspannt fährt er jetzt zurück ins schöne Ferienhaus!

Der Hecht im Karpfenteich

Unser lieber Herr Müller hat mal wieder des Guten zu viel getan: Bei schwedischen Meetings ist es nicht nötig, sich aufzubrezeln, die feinste Kleidung anzulegen oder sich gar zu parfümieren. Man wird sich allenfalls ziemlich *overdressed* fühlen, im Extremfall sogar das Pech haben, dass der oder die Teilnehmer/in neben einem überempfindlich auf Duftwässer aller Art reagiert – was in Schweden durchaus häufig vorkommt. Normale gepflegte Alltagskleidung genügt in den meisten Fällen vollkommen.

Verständlich ist hingegen Herrn Müllers Verwunderung über das durchgängig diskrete und bescheidene Auftreten der anderen Meeting-Teilnehmer/innen – das ist er von zuhause ja wahrlich nicht gewohnt! Hingegen gilt es in Schweden als klares Zeichen von Selbstüberschätzung und Arroganz, Vorschläge, Strategien und Empfehlungen im Meeting als der Weisheit letzter Schluss »zu verkaufen« und ohne den Funken eines Zweifels – und vor allem ohne jede Rückfrage bei den anderen Teilnehmern – darzulegen. Ein derartiges Verhalten stößt in Schweden auf durchgehende Ablehnung und wird allgemein nicht praktiziert, weder im Büro noch sonst irgendwo.

Dem zugrunde liegt das viel beschworene *jantelagen*, das ungeschriebene skandinavische Grundgesetz von Gleichheit und Mittelmaß, dessen allererster Grundsatz lautet: »Du sollst nicht glauben, dass Du jemand bist!« Seine Meinung hingegen zweifelsfrei zu verkünden, seine Ansichten überzeugt zu vertreten oder auch im geschäftlichen Zusammenhang selbstbewusst Strategien und Maßnahmen darzulegen, vermittelt in Schweden jedoch just das Gegenteil, nämlich den Eindruck von Selbstüberschätzung, Arroganz und Besserwisserei. Der Betreffende glaubt offenbar, »jemand zu sein« und legt anscheinend keinen Wert auf das Finden konsensueller Lösungen innerhalb und mithilfe des jeweiligen Teams.

Alle sollen mitmachen!

Doch Schweden ist das gelobte Land der Teamarbeit – par excellence! Hier erarbeitet man Strategien und Ergebnisse stets in Gruppen, gleich in welchem Bereich. »*Alla ska vara med*« – »alle sollen mitmachen bzw. dabei sein« ist Leitmotiv dieser grundlegenden Haltung, die für sämtliche Lebensbereiche gilt. Daher ist Herr Müllers langer, überzeugter und sehr detaillierter Vortrag in einem schwedischen Meeting-Zusammenhang ziemlich kontraproduktiv: Zunächst einmal ist der Vortrag viel zu lang, Herr Müller nimmt dadurch in schwedischen Augen wenig Rücksicht auf die anderen Teilnehmer. Zum einen bezieht er dann beim Darstellen der Strategien die anderen nicht mit ein, zum anderen präsentiert Herr Müller bereits fix und fertige Lösungen, zu denen die anderen Teilnehmer sich vorab gar nicht äußern konnten – und lässt sie damit gänzlich außen vor – in schwedischen Augen ein Affront!

Nur was lange dauert, kann richtig gut werden

Weiterhin geht Herr Müller von der in Deutschland möglicherweise zutreffenden, in Schweden aber in diesem Zusammenhang nicht existenten Prämisse aus, alles müsse bei der Präsentation bereits so gut durchgearbeitet und perfekt wie möglich sein, um dann unverzüglich in die Tat umgesetzt werden zu können. So denkt man in Schweden jedoch nicht; ein solches Verhalten betrachtet man hierzulande eher als wilden Aktionismus, der sich meist durch später notwendig werdende (und eventuell kostspielige) Nachbesserungen straft. Die Dinge werden stattdessen erst dann in die Tat umgesetzt, wenn durch die langfristige Beteiligung Aller gemeinsam die besten Lösungen gefunden und die entsprechenden Maßnahmen von sämtlichen Beteiligten akzeptiert und verabschiedet wurden. Das darf durchaus seine Zeit dauern – denn in Schweden bereitet man sich lieber lange und gründlich gemeinsam vor und durchdenkt alles sehr genau, als Dinge zu überstürzen, die dann doch wieder korrigiert werden müssen, was Zeit und Geld kostet. In Schweden nimmt man sich also diese Zeit vorher, nach dem Motto: »Nur was lange dauert, kann richtig gut werden.« In anderen Ländern drückt man auf die Tube – und bessert dann gern hinterher nach...

Frag' mich nicht nach meiner Meinung!

Es war auch nicht besonders klug von Herrn Müller, die anderen Meeting-Teilnehmer beim Mittagessen zu fragen, was sie denn von seinen Vorschlägen hielten. In Schweden nutzt man die so gut wie immer gemeinsam verbrachte Mittagspause für zwanglose Unterhaltung, jede Art Smalltalk und zur Erholung von der Arbeit. Über Geschäftliches wird dort – außer bei einem regelrechten Business-Lunch – normalerweise nicht gesprochen. Zum anderen bringt eine solch direkte Frage die Gefragten in Verlegenheit – wie in Schweden überhaupt alle direkten Fragen nach persönlichen Meinungen, Ansichten und Beurteilungen. Derartige Fragen werden häufig als die sprichwörtliche Pistole auf die Brust empfunden und als sehr unangenehm erlebt. Hinzu kommt, dass in Schweden als Wichtigtuer dasteht, wer seine Meinungen und Ansichten zum Besten gibt – und das will natürlich niemand. Weiterhin wird eine Fragestellung wie die von Herrn Müller auch mit Eitelkeit und daraus resultierendem »*fishing for compliments*« assoziiert, ungefähr nach dem Motto: »Wie fandet Ihr mich – war ich nicht klasse?!«

Von Meeting zu Meeting zu Meeting...

Es war eine ziemliche Überraschung für Herrn Müller, dass sich das Meeting – an dem immerhin die Konzernspitze und er selbst als Repräsentant der deutschen Tochtergesellschaft teilnahm – letzten Endes nur im Vorschlag erschöpfte, bis zum nächsten Treffen Zahlenmaterial aufzubereiten – und dann in aller Ruhe und vor allem pünktlich beendet wurde. Nichts Konkretes, keine Aktionen, kein Zeitdruck, keine Hektik, keine Panik – überhaupt kein Dampf! Das kennt Herr Müller aus Deutschland so gar nicht, wo die Meetings zeitlich häufig überzogen werden und man den Raum praktisch nicht verlässt, bevor nicht ein paar umgehend auf den Weg zu bringende Maßnahmen verabschiedet worden sind, um dann mit Volldampf – mehr oder weniger geglückt – umgesetzt zu werden...

Perfekte Planung erspart Nachbesserung

Schwedische Meetings sind dagegen nicht in erste Linie
handlungs- bzw. maßnahmenorientiert, sondern dienen
zunächst eine ganze Weile einzig dem Finden von gemeinsam
vertretbaren Beschlüssen und Maßnahmen, die alle Beteiligten mittragen. Alles wird gründlichst durchdacht und von
allen Seiten beleuchtet; sämtliche Probleme, die nur auftreten
könnten, werden ausgiebig diskutiert und nach Möglichkeit
bereits im Vorfeld eliminiert bzw. verhindert. Der Zeitfaktor
spielt dabei keine so große Rolle wie z.B. auf dem europäischen Kontinent oder in den USA, wo es eher um schnellst-
mögliche Umsetzung von Plänen und Strategien geht. Daher
wird man in Schweden kaum erleben, dass Meetings länger
dauern als in der Agenda ausgewiesen; man macht pünktlich Schluss und beraumt einfach ein weiteres Meeting an.
Und noch eines – und noch eines – so lange, bis die möglichst
perfekte und wirtschaftlichste Lösung und Aktionsstrategie
gefunden ist.

Empfehlung

Es ist also insgesamt zu empfehlen, bei Meetings mit schwedischen Geschäftspartnern und Kollegen rücksichtsvoll,
bescheiden und nicht *overdressed* aufzutreten, sich vor allem
nicht in den Vordergrund zu spielen, stets die Meinung der
anderen einzuholen und diese auch zu berücksichtigen. Vor-
trage sollte man kurz und knapp halten, gern gestützt durch
gut aufbereitetes Zahlen- und Faktenmaterial. Direkte, an

Einzelne gerichtete Bitten um Feedback sollte man besser unterlassen, um diese nicht in eine unangenehme Situation zu bringen. Es ist ebenfalls nicht zu empfehlen, mit fertigen Lösungen aufzuwarten – sondern diese gemeinsam mit den anderen Beteiligten direkt vor Ort zu entwickeln. (Dieses gilt natürlich nicht für Verkaufsgespräche und dergleichen.) Pausengespräche sollten eher Zwischenmenschliches und Smalltalk zum Thema haben.

Die kontinentale Orientierung an schnellen Resultaten lässt man besser zuhause – dafür kann man aber ziemlich sicher sein, dass die über einen längeren Zeitraum zusammen mit schwedischen Partnern gefundenen Lösungen praktikabel, wirtschaftlich und nachhaltig sind, dass sie funktionieren und selten Nachbesserungen erfordern!

In der Notaufnahme

Tagesausflug ins Gesundheitssystem

Auch der schönste Urlaub geht manchmal nicht ohne Blessuren ab. Es ist später Nachmittag und Max kommt laut heulend auf einem Bein in die Küche des Ferienhauses gehumpelt, wo seine Eltern das Abendessen vorbereiten.

»Was ist denn los, Max?« fragt Frau Müller besorgt, »hast Du Dir wehgetan?«

Max heult und zeigt seinen rechten Fuß hervor, der ziemlich verbogen aussieht!

»Um Gotteswillen!« sagt Frau Müller, holt eilends ihre mobile Hausapotheke hervor und kniet sich hin, um Max' Fuß zu untersuchen. Das tut anscheinend furchtbar weh, dem armen Max laufen die Tränen nur so übers Gesicht. »Sieht aus, als wär der Fuß gebrochen! Mein armer Max! Komm, wir fahren schnellstens zum Arzt!« Frau Müller wendet sich an ihren Mann: »Das muss geröntgt werden, sicher ist sicher!«

Gemeinsam hieven sie den aufgelösten und schon ganz rot geweinten Max ins Auto und fahren in den nächsten Ort. Klara bleibt zuhause und kümmert sich derweil ums Abendessen, um den mit Sicherheit bald Heimkehrenden ein leckeres Mahl zu servieren.

Im nächsten Ort angekommen, halten die Müllers angestrengt Ausschau nach einem ärztlichen Praxisschild, aber soviel sie auch herumfahren – nichts dergleichen ist zu sehen! Frau Müller kurbelt daher das Fenster herunter und fragt eine ältere Dame, die gemütlich übers Trottoir daher spaziert: »*Hej! Excuse me, we need a doctor, can you tell us where to go?*«

»*Jaha*«, antwortet die alte Dame freundlich, »*Go to vårdcentralen at the marketplace!*«

»*Tack så mycket!*« Frau Müller dankt herzlich, und sie sausen schleunigst zum Marktplatz. Und ganz richtig, da steht es: »*Vårdcentralen*«. Geöffnet montags bis freitags von 8 bis 17 Uhr. Also schon geschlossen! Schöne Pleite! Was sollen sie denn jetzt machen?

In ihrer Not kurven sie ein weiteres Mal durch die Straßen, vielleicht ist ja die Dame noch unterwegs. Und wieder haben sie Glück, dort vorne läuft sie! Frau Müller kurbelt erneut das Fenster herunter und fragt sie auf Englisch – jetzt schon ziemlich aufgeregt – ob es denn ein Krankenhaus in der Nähe gebe.

»*Visst*«, antwortet die Dame, »*there is a hospital, not far away, just about seven miles from here!*«

Nur sieben Meilen, das geht ja noch! Erleichtert danken die Müllers der freundlichen Passantin und lenken das Auto in Richtung Krankenhaus. Max liegt auf dem Rücksitz, gekrümmt vor Schmerzen, er weint und wimmert vor sich hin. Frau Müller hält ihm tröstend die Hand, während ihr Mann den Wagen mit 120 km/h wie einen Pfeil über die schnurgerade schwedische Landstraße sausen lässt. Als nach 14 Kilometern noch immer kein Krankenhaus zu sehen ist – und auch nach 20 Kilometern noch nicht, kommt Herr Müller ins Grübeln. Dann fällt ihm ein, dass eine schwedische Meile ja zehn Kilometer hat und nicht circa zwei, so wie in Amerika*!

Was soll man machen – ihr Sohn braucht Hilfe, also bringen sie so schnell wie möglich auch die fünfzig restlichen Kilometer hinter sich. Am Krankenhaus angekommen, nehmen sie Max zwischen sich in die Mitte und schleppen ihn, so gut es geht, zur *Akutmottagning*, also in die Notaufnahme. Dort sitzt schon ein sehr blasser Junge, ungefähr in Max' Alter, neben seiner Mutter auf der Bank; sein rechter Unterarm blutet stark, aber Mutter und Sohn warten geduldig darauf, dass sie an die Reihe kommen.

Herr Müller rauscht an die Rezeption, dort ist eine junge Dame mit Computerarbeiten beschäftigt und reagiert zunächst nicht, als er sie anspricht. »Hallo, hallo«, ruft Herr Müller nun, »*my son had an accident, we need help!*«

»*Var så god och sitt!*« antwortet die Dame, »*I will call you soon*«.

Er setzt sich also wieder zu seiner Familie – und sie alle warten ab. Die Zeit vergeht und nichts passiert. Dieser jungen Dame ist offensichtlich ihr Bildschirm wichtiger als die Patienten, denkt Herr Müller, und wird langsam sauer. Nach zwanzig Minuten hält er es nicht mehr aus, geht noch einmal zur Rezeption und teilt auf Englisch entschieden mit, dass sie jetzt sofort Hilfe benötigen, denn schließlich ist das hier eine *akutmottagning*, oder nicht?

---

* Eine schwedische Meile entsprach bis 1889 genau 10.690 Metern, seit 1889 exakt 10.000 Metern und wird mit »*mil*« abgekürzt. Auch wenn dies ein älteres Längenmaß ist, wird es immer noch von allen benutzt. Die Straßenbeschilderung erfolgt jedoch in km, wenn es um das Anzeigen von Entfernungen geht.

Nun endlich ist die Rezeptionistin offenbar bereit, sich um sie zu kümmern, denn sie fragt nach *Personnummer* und Anschrift.

»We don't have any personnummer!« sagt Herr Müller, *»we are tourists from Tyskland, our son had an accident!«* Dennoch, das Bürokratische muss sein, geduldig erkundigt sie sich nach Anschrift, Geburtsdatum, Versicherung und dergleichen.

Nachdem alle Personalien aufgenommen sind, werden sie in den nächsten Warteraum geschickt, dort soll eine Krankenschwester sie abholen. Im Warteraum sitzen zwei schwedische Familien mit offenbar kranken Kindern; es gibt dort auch Zeitungen, Spielzeug und sogar Kaffee- und Getränkeautomaten, an denen die Müllers sich durstig bedienen. Es vergeht eine halbe Stunde, eine ganze Stunde – nichts geschieht. Den Schweden scheint das gar nichts auszumachen, sie sitzen mit unbewegter Miene da und blättern in den Zeitungen, nur hier und da fällt ein Wort, wie immer sehr leise. Max hat sich nun müde geweint und ruht erschöpft im Arm seiner Mutter, der selbst auch schon ganz schwach zumute ist, nach all der Aufregung und ohne Abendessen!

Endlich kommt die Krankenschwester und spricht sie freundlich an: *»Familj Müller, vill du följa med mig?«*[*]

Die Müllers folgen ihr in ein Behandlungszimmer und sind optimistisch: Nun werden sie sicher bald einen Arzt treffen! Die Krankenschwester lächelt Max an, fragt ihn in einer lustigen Mischung aus Deutsch und Englisch freundlich nach seinem Befinden und lässt sich erzählen, was genau passiert

---

[*] Familie Müller, würden Sie bitte mitkommen?

ist. Sie macht sich ein paar Notizen und schleust dann Familie Müller zu einem weiteren Wartezimmer. Auch dieses ist, wie überhaupt das ganze Krankenhaus, hell und ansprechend gestaltet, mit gemütlichen Sitzmöbeln und hübschen Bordüren an den zartgelben Wänden. Dort sitzen nun die Müllers, wieder eine geschlagene Stunde, und warten sehnsüchtig auf den Arzt, dessen baldiges Kommen ihnen die Krankenschwester freundlich avisiert hat, als sie gegangen war. Was meint man eigentlich mit »bald« in Schweden? Irgendwie scheint dieses Wort hier ja einen ganz anderen Inhalt zu haben, denkt Frau Müller resigniert. Max ist todmüde und will nach Hause, seine Mutter weiß nicht, was sie von diesem Krankenhaus halten soll – Herr Müller ist langsam einfach nur noch wütend bis zum Überkochen. Sollen sie denn hier noch Ewigkeiten warten?

Schließlich wird es ihm zu bunt; er verlässt den Raum und geht mit energischen Schritten über den völlig menschenleeren Flur, bis er zum Aufenthaltsraum des Personals kommt. Siehe da, da sitzen sie alle gemütlich beim Kaffee und amüsieren sich offenbar prächtig – während sein Sohn mit einem gebrochenen Fuß und großen Schmerzen seit drei Stunden dasitzt, ohne überhaupt auch nur einen Arzt von Weitem gesehen zu haben.

»*Excuse me*«, sagt Herr Müller ziemlich barsch zu den Damen, »*we are waiting since three hours now, without seeing any doctor! Why do we have to wait so long? Isn't this is the emergency unit?*«

»*Of course it is*«, antwortet fröhlich eine der Kaffee trinkenden Krankenschwestern, »*just stay patient and wait a little bit more, the doctor will come to you soon!*«

Schnaubend vor Wut und ohne ein weiteres Wort dreht Herr Müller sich auf dem Absatz um und eilt den Flur entlang zurück zu Frau und Kind. Als er den Raum betritt, ist tatsächlich der Arzt »schon« da und unterhält sich mit Max, während er ihn untersucht. Es scheint ein lustiger Arzt zu sein, denn Max lacht laut auf. Der Arzt stellt sich Herrn Müller vor, er heißt Anders und glaubt, dass Max' Fußgelenk gebrochen ist. »*We will have to make an x-ray*«, informiert er die Müllers, »*just wait for the nurse, she will take you there soon. After that, we will meet again!*«

Na, das kann ja heiter werden, die Müllers haben nun so langsam eine Ahnung, was mit »bald« gemeint sein wird. Und ganz recht, auch diesmal warten sie eine halbe Stunde auf die Krankenschwester, die einen Rollstuhl für Max mitbringt und sie – wohin auch anders – zum nächsten Wartezimmer bringt, in der Röntgenabteilung. Auch hier wieder kein Mensch zu sehen – was das lange Warten überall immer noch unerklärlicher macht. Frau Müller kann nun nicht mehr an sich halten und teilt der Krankenschwester mit, dass alle drei Müllers bald vor Hunger sterben, ob es denn nicht irgendwo etwas Essbares gebe?

»*I'm sorry, the café is closed, but I can bring you some sandwiches*«, teilt ihnen die Krankenschwester freundlich mit.

Die Müllers, jetzt schon ganz schwach vor Hunger, nehmen dankend an. Alles – bloß etwas zu essen! Nach einer Weile taucht sie wieder auf und bringt ein Tablett mit belegten Brötchen, Tee und Saft – die Rettung! Die Müllers stärken sich tüchtig für die nächste Warterunde, denn mittlerweile ist allen klar, dass dieses ein Abenteuer eines mit ungewissem

Ausgang ist und sie wohl nicht so bald ins Ferienhaus zurück-
kehren werden. Frau Müller nimmt ihr Handy, geht rasch
zum Haupteingang des Krankenhauses und ruft von draußen
Klara an, die sich sicher schon große Sorgen macht. Und ganz
recht, Klara ist geradezu panisch, denn sie hatte schon die
schlimmsten Befürchtungen: Unfall, Tod, Überfall, alles! Als
sie hört, dass der Rest ihrer Familie diesen Urlaubstag tatsächlich im Krankenhaus »verwartet«, ist sie zwar ungläubig,
doch sehr erleichtert. »Euer Essen wartet auf Euch, ich geh
dann schon mal schlafen! Bis morgen!«

Als Frau Müller ins Wartezimmer zurückkehrt, ist Max ein-
geschlafen und Herr Müller auch nicht mehr der Frischeste.
Schicksalsergeben setzt sich Frau Müller zu ihren Lieben und
nickt ebenfalls ein. Nach einer Weile kommt tatsächlich eine
Krankenschwester und bittet sie ins Röntgenzimmer. Dort ist
auf dem Monitor genau zu sehen, wie viele Patienten an diesem Tag vor ihnen geröntgt wurden: ganze zwei! Wie kann
das möglich sein? Wie viele Stunden brauchen die denn pro
Patient?

Herr Müller gibt es auf, nach Erklärungen zu suchen, und
schwört sich, in Schweden niemals krank zu werden! Das
Röntgen an sich geht jedoch schnell vonstatten, danach werden sie wieder zur Notaufnahme zurückbegleitet und dürfen
– wer hätte es gedacht – dort wieder warten, denn jetzt muss
ja der Arzt noch etwas zu den Röntgenbildern sagen. Mittlerweile sind seit Eintritt ins Krankenhaus fast sechs Stunden vergangen, die längsten sechs Stunden ihres Lebens, will
es Frau Muller vorkommen! Einfach immer nur warten und
warten und warten... »Schwedische Gemütlichkeit, ist ja alles

schön und gut Klaus«, sagt sie zu ihrem Mann, »aber wenn das hier die Notaufnahme ist, wie geht es dann erst im Normalfall zu? Das möcht' ich lieber nicht wissen!«

Und nun erwartet sie der Härtetest: Da der Arzt ganz allein für die gesamte Notaufnahme zuständig ist und unterdes weitere Akutfälle eingetroffen sind, vergehen weitere zwei Stunden, bis sie ihn wiedersehen. Die Müllers, mittlerweile völlig frustriert und schlapp, haben jetzt schon Galgenhumor entwickelt, sie fantasieren mit letzter Kraft Filmtitel wie »Vom Krankenhaus verschlungen« oder »Dr. Godot – der Arzt, der niemals kam« und malen sich aus, ein Zimmer im Krankenhaus zu buchen, damit sie sich wenigstens mal ausstrecken können. Als schließlich endlich der nun recht erschöpft wirkende Arzt kommt, bestätigt dieser den Bruch von Max' Fußgelenk – und bittet sie darum, nur ein Weilchen zu warten, damit die Krankenschwester das Fußgelenk fachgerecht verbinden kann.

Warten? Wer wäre nur darauf gekommen? Aber darin haben sie ja jetzt schon ausreichend Übung und fügen sich seufzend in ihr unvermeidliches Schicksal, Aufbegehren führt ja sowieso zu nichts. Diesmal braucht die Krankenschwester tatsächlich nur eine Viertelstunde zum Auftauchen, gipst dann flugs und gekonnt Max' Fußgelenk ein und schenkt ihm zum Abschied ein paar bunte Sticker, die er auf den Gips kleben kann; gegen die Schmerzen bekommt er ein Päckchen *Alvedon**, dann ein freundliches »*hej då!*«** – und die Krankenschwester entschwindet. Es ist jetzt drei Uhr morgens – und die Müllers

* Paracetamol
** Tschüss!

treten hinaus in einen prächtigen Sonnenaufgang, als sie das
Krankenhaus nach acht Stunden todmüde, bis über die Ohren
genervt und mordshungrig wieder verlassen. Naja, Max wurde
jedenfalls zu guter Letzt geholfen – und wenigstens werden
sie zum Frühstück wieder pünktlich zuhause sein!

Im Notfall braucht's Geduld – und Proviant!

Das war ein langer Tag für die Müllers und besonders für den
armen Max! Es ist außerhalb Schwedens vielen noch immer
unbekannt, dass es in Schweden kaum niedergelassene Ärzte
gibt, dass die wenigen *Vårdcentralen* stets pünktlich schließen und praktisch nur nach Termin behandeln. Auch werden Akutfälle so gut wie immer aufs Krankenhaus verwiesen
– auch Dinge wie Röntgen, Belastungs-EKG, orthopädische
oder augenärztliche Untersuchungen und vieles mehr finden
– in der Regel nach monatelanger Voranmeldung – ebenfalls
nur im Krankenhaus statt. Auch sind nahezu ausschließlich
alle Fachärzte nur dort zu finden; ärztliche Spezialisten-Pra-
xen sind landesweit äußerst dünn gesät und sehr lange im
Voraus ausgebucht, wenn sie überhaupt noch neue Patienten
annehmen. In den Notaufnahmen der Krankenhäuser sind die
Wartezeiten oft extrem lang; zum einen, weil es keine Not-
ärzte gibt, die man von zuhause anrufen oder in ihren Notfall-
praxen aufsuchen kann und daher alle Notfälle ins Krankenhaus müssen, zum anderen aufgrund von meist chronischer
personeller Unterbesetzung. Auch werden die häufigen Pausen des Personals strikt eingehalten und Überstunden nach
Möglichkeit vermieden. Die Tatsache, dass man dann jedem

einzelnen Patienten, wenn er denn endlich an der Reihe ist, relativ viel Zeit widmet und anschließend noch mehr Zeit mit Dokumentation verbringt, trägt auch nicht eben zu einer Verkürzung der Warteschlange bei. Schwedens Bewohner nehmen das gelassen – und resigniert – hin; sie sind mit diesen Verhältnissen seit Langem vertraut und fügen sich stillschweigend ins Unvermeidliche. Nur ausländische Besucher oder Einwanderer protestieren häufig gegen die langen, ihnen völlig unverständlichen Wartezeiten – ausgerechnet in der Akutaufnahme – und drängen mehr oder weniger verzweifelt oder gar erzürnt auf umgehende Behandlung.

Nein, ein Besuch in der Notaufnahme eines schwedischen Krankenhauses gerät fast immer zum Ganztagsausflug – und man sollte sich daher entsprechend vorbereiten, z.B. mit einem gut gefüllten Proviantkorb, reichlich Lektüre, Spiel- und Malsachen für die Kinder etc. Auch ein paar leichte, mitnehmbare Klappbetten zum Ausruhen wären eigentlich gar nicht so verkehrt...

Höflichkeit

Von der unerwarteten Wirkung netter Gesten

Es ist halb neun morgens und Herr Müller als Frühaufsteher damit ganz unter sich. Denn sowohl Frau Müller als auch die Kinder schlafen noch; bis die Drei sich zum Frühstück versammeln, kann es noch eine ganze Weile dauern. Herr Müller überlegt daher, was er an diesem schönen Morgen wohl mal anfangen könnte und entscheidet sich spontan für einen Besuch in der Bibliothek des nächsten Ortes. Denn da kann man Zeitungen lesen und auch seine E-Mails abfragen.

Nach einem ersten Morgenkaffee steigt Herr Müller also ins Auto und fährt zur Bibliothek. Auf den Straßen ist es ruhig, wenig Verkehr, wie immer: Das Autofahren ist ein Hochgenuss! Auch das kleine Örtchen ist noch ganz verschlafen, nur ein paar Rentner sind zu sehen, die mithilfe ihrer Rollatoren um den Marktplatz herumspazieren. Das ist Herrn Müller schon oft aufgefallen: So viele alte Leute gehen hier in Schweden mit Rollatoren herum, das hat er in Deutschland in diesem Ausmaß noch nicht gesehen. Woran das wohl liegen mag? Er muss seinen alten schwedischen Kumpel Lars mal fragen, der kann ihm das sicher erklären. Herr Müller findet einen Parkplatz direkt vor der Bibliothek, die allerdings noch geschlossen ist und erst um zehn Uhr ihre Pforten öffnet. Er würde sich gern die Wartezeit mit einer weiteren Tasse Kaffee und einem Croissant vertreiben und hält neugierig Ausschau nach einem Café oder einer Bäckerei. Zu seiner Enttäuschung ist weit und breit nichts dergleichen zu sehen; er setzt sich also auf eine Bank am Marktplatz und schaut dem morgendlichen Treiben zu. Viel ist ja nicht los, ein paar Lieferwagen, spazierende Rentner und ein paar Vögel, das war's schon. Aber die warme Morgensonne im Gesicht – die ist wunderbar!

Als es endlich zehn Uhr ist, erklimmt Herr Müller frohgemut die Treppen zur Bibliothek. Die Bibliothekarin lächelt ihn freundlich an: »*Hej! Vad kan jag hjälpa dig med?*«*

»*Jag ska läsa tidning och kolla min mail*«**, sagt Herr Müller, insgeheim recht stolz auf seine nunmehr doch schon ganz passablen Schwedischkenntnisse. »*Varsågod – tidningarna finns längst framme i lokalen*«***, antwortet die Bibliothekarin.

Herr Müller dankt und schlendert zum anderen Ende des Raumes, da stehen zwei gemütliche Sofas gleich bei den Zeitungsständern. Er schnappt sich die Financial Times und eine schwedische Zeitung mit Tipps zu Antiquitäten-Händlern in der Region, denn auf dem Rückweg wollte seine Frau ein paar hübsche Kleinantiquitäten kaufen. Herrlich, diese Ruhe – Herr Müller beginnt genussvoll mit seiner Morgenlektüre.

Wenig später nimmt auf dem Sofa gegenüber eine junge Frau Platz, mit einem riesigen Stapel schwedischer Bücher vor sich, sicher eine Studentin, denkt Herr Müller und vertieft sich wieder in seine Zeitung. Die junge Frau scheint trotz sommerlicher Hitze recht erkältet zu sein, denn eins

---

* Hallo, womit kann ich Dir helfen?
** Ich möchte Zeitung lesen und meine Mails nachschauen.
*** Bitte sehr, die Zeitungen stehen am anderen Ende des Raumes.

ums andere Mal zieht sie die Nase hoch, mindestens zwei Mal pro Minute. Nach einer Weile kann sich Herr Müller einfach nicht länger aufs Lesen konzentrieren, denn kaum hat er sich in einen Artikel vertieft, ertönt vom Sofa gegenüber wieder das unvermeidliche laute Schniefen. Sicher hat die junge Frau kein Taschentuch dabei, denkt Herr Müller mitfühlend, greift in seine Jackentasche und bietet ihr spontan und sehr freundlich eines an: »*May I offer you a handkerchief?*«

Die junge Frau schaut ihn verwundert an und sieht dabei sogar ein wenig irritiert aus. Sie nimmt das Taschentuch, steckt es in die Tasche, erwidert die Geste mit einem »*Thank you!*« und liest gänzlich ungerührt weiter, während sie nach wie vor in regelmäßigen, kurzen Abständen kräftig schnieft.

Herr Müller ist platt. Er kann ihr doch jetzt nicht auch noch sagen, dass sie sich bitte die Nase putzen soll! Andererseits findet er es sehr rücksichtslos von ihr, die anderen Bibliotheksbenutzer durch unaufhörliches Nasehochziehen zu stören. Ihr wiederum scheint das gar nichts auszumachen. Wütend steht Herr Müller auf, um sich mit seinen Zeitungen an ein ruhigeres Plätzchen zu begeben. Dahinten in der Ecke am Fenster steht ein gemütlicher Sessel, da geht er hin! Auf dem Weg zu seinem neuen Leseplätzchen kommt er an einer stark gebeugten alten Dame vorbei, die mit großer Anstrengung versucht, einen Stapel Bücher vom Regal in den Korb ihres Rollators zu hieven. Herr Müller, ganz Gentleman, lächelt sie an: »*May I help you*«, und nimmt ihr sogleich, hilfsbereit, wie er ist, mit einer eleganten Bewegung den schweren Bücherstapel aus den Handen, um ihn in den Rollatorkorb zu befördern. Die alte Dame scheint jedoch keineswegs froh darüber, sondern sieht im Gegenteil recht missmutig aus, als sie mit »*Tack, jag klarar mig själv!*«* antwortet, um dann mit dem Rollator beleidigt von dannen zu zockeln. Verkehrte Welt, denkt Herr Müller bei sich, was hat das nun wieder zu bedeuten? Gilt denn hierzulande Höflichkeit gar nichts?

Ratlos macht er sich wieder an die Fortsetzung seiner Morgenlektüre, diesmal in ungetrübter Ruhe, und kennt alsbald sowohl den aktuellen Stand der Aktienkurse als auch die preiswertesten Antiquitätenhändler im Umkreis. Jetzt noch schnell seine Mails abrufen und dann rasch die deutsche Morgenzeitung online überfliegen, die Technik funktioniert erstklassig, das geht ja alles prima und superschnell.

Langsam wird es nun aber auch Zeit, ins Ferienhaus zurückzukehren, sicher sind jetzt alle wach, nur schade, dass es nirgendwo einen Bäcker gibt, frische Brötchen zum Frühstück, das wär' was Feines gewesen! Herr Müller legt die Zeitungen in den Zeitungsständer zurück und macht sich auf den Weg zum Ausgang. Eine Dame mittleren Alters geht hinter ihm, sie trägt eine schwere Büchertasche und will offenbar auch gerade die Bibliothek verlassen. Und Herr Müller kann einfach nicht anders – er ist eben so erzogen –, hält ihr die Tür auf und sagt freundlich: »*Var så god!*** « Die Dame schaut ihn mit einem raschen Blick sehr erstaunt von der Seite an, sagt kein Wort und eilt die Treppen hinunter. Jetzt ist Herr Müller mit seinem Latein am Ende! Was hat er denn nun schon wieder falsch gemacht? Verstehe einer diese Schweden! Herr Müller ist jedenfalls froh, dass er eine Frau hat, die Galanterie

* Danke, das kann ich allein!
** Bitteschön!

und männliche Hilfsbereitschaft zu schätzen weiß und sich über solche kleinen Gesten noch freuen kann!

Mit diesen tröstenden Gedanken im Sinne fährt er heim zu Frau und Kindern und pflückt unterwegs noch einen schönen Blumenstrauß für den Frühstückstisch. Eine Schwedin würde ihm den ja wahrscheinlich um die Ohren hauen…

Kleine Gesten – ungeahnte Wirkung

Der arme Herr Müller mit seiner (in schwedischen Augen altmodischen) kontinentalen Erziehung zum Gentleman bewegt sich damit in Schweden sozusagen auf einem sozialen und kommunikativen Minenfeld, insbesondere was die Begegnung mit Vertreterinnen des weiblichen Geschlechts betrifft. Ob jung, ob alt: Schwedinnen sind stolz darauf, allein zurechtkommen und verbitten sich unerbetene Hilfe – und das nicht selten barsch und sehr bestimmt. Türen aufhalten, Feuer geben, in den Mantel helfen, Taschen tragen und dergleichen – solche chevaleresken männlichen Gesten stoßen hierzulande bei vielen Frauen meist nicht auf Gegenliebe, sondern eher auf Skepsis und offen geäußerte Ablehnung. Der betreffende Herr nimmt wohl an, sie kämen nicht allein zurecht! So mancher Schwede hat sich da im Laufe der Zeiten schon bissige Bemerkungen eingefangen – und daher ist die Spezies der Kavaliere in Schweden mittlerweile praktisch ausgestorben, was wiederum Ausländerinnen brüskieren mag. Der unbedingte Wunsch sowie der Stolz darauf, allein zurechtzukommen, ist auch der Grund dafür, dass so viele ältere Leute in Schweden – wie gebrechlich auch immer sie sein mögen – sich solange wie möglich allein mit dem Rollator fortbewegen und wenn irgend möglich, auf Hilfe von Anderen verzichten. »*Jag klarar mig själv*« (»ich komme allein zurecht«) ist die stehende Redewendung als Ausdruck dieser Haltung. Der enorme Mangel an Altenheimplätzen kann allerdings ebenfalls ein naheliegender Grund dafür sein. Und: Einem Schweden ein Taschentuch anzubieten, wird meist als deutliche Kritik bzw. als Erziehungsversuch aufgefasst, und diese Geste daher gar nicht geschätzt. Das – besonders auf dem Lande und/oder bei Jugendlichen – weitverbreitete und manchmal stundenlange laute Schniefen muss man also aushalten – oder weggehen.

Übrigens: Brötchen zum Frühstück sind eine feine Sache, aber in Schweden (außerhalb der Großstädte) eine Seltenheit. Denn es gibt kaum Bäcker oder Konditoren – so muss man sie entweder aus dem Heimatland mitbringen, in Schweden selbst backen oder auf die (manchmal auch bereits aufgebackenen) Halbfabrikate im örtlichen Supermarkt zurückgreifen.

Wut auf das allzeit Vage

Jag vet inte, det tror jag, det blir svårt

Es ist wieder mal ein strahlend schöner Sommertag – einfach ideal, um ans Wasser zu gehen! Die Familie Müller will heute Nachmittag gern einmal ein Ruderboot ausleihen, denn es gibt doch nichts Schöneres, als bei solch herrlichem Wetter mit einem Boot in See zu stechen. Besagter See ist zwar nicht weit, dort gibt es aber seltsamerweise keinen Bootsverleih. Da auch das Ferienhaus kein Boot bereithält, muss eine andere Lösung gefunden werden. Da Frau Müller den Kindern versprochen hatte, heute Vormittag mit ihnen original schwedische *kanelbullar* zu backen, diese köstlich duftenden Zimtschnecken, wird kurzerhand Herr Müller losgeschickt, um für den Nachmittag ein Boot zu organisieren. Frohgemut setzt er sich in sein Auto und rollt los in Richtung Kleinstadt, da hat er doch kürzlich erst am Markt ein *turistbyrå** gesehen.

Wohl angekommen parkt er den Wagen und geht zielstrebig auf das hübsche helle Holzhaus von 1900 zu, in dem das *turistbyrå* untergebracht ist. Fahnen aller Nationalitäten sind über der Tür angebracht und wehen im Wind, rechts von der Eingangstür hängt gleich ein Briefkasten für all die vielen Urlaubspostkarten, die im Sommer von hier aus ver-

---

* Touristen-Information

schickt werden, sehr praktisch! Da kann Herr Müller gleich mal einen Stapel Postkarten schreiben, wenn er erst das Boot organisiert hat.

Fröhlich tritt er ein und schaut sich um. Überall liegen, hängen und stehen Elchsouvenirs, Trolle und andere hübsche Dekorationsartikel, auf Ständern und Regalen liegen Landkarten, Bücher, Postkarten, Broschüren, davon die meisten auf Schwedisch, aber auch einige deutsche und englische. Die sind ja gut ausgestattet, das lässt hoffen, denkt Herr Müller. Suchend hält er nach einer Bedienung Ausschau, aber niemand ist zu sehen. Ach, das hätte er sich doch gleich denken können: Es ist ja erst halb zehn, also vermutlich wieder mal diese berühmte schwedische *fikapaus*, wo im ganzen Land mehr oder weniger alle gleichzeitig Kaffee trinken und der Geschäftsbetrieb praktisch überall zum Stillstand kommt. Na gut, kann ja nicht schaden, so lange erst mal ein paar Broschüren durchzulesen, sicher stehen interessante Informationen über die Gegend drin, die er noch gar nicht kennt. Und der Urlaub dauert ja schließlich noch ein Weilchen, da ist es gut, ein paar Vorschläge auf Lager zu haben, schon wegen der Kinder, wenn denen im Ferienhaus die Decke auf den Kopf zu fallen droht. Die Ruhe, die er und seine Frau so genießen, geht den Kindern nämlich öfter gehörig auf den Wecker.

Herr Müller vertieft sich also in einen Stapel Broschüren und merkt gar nicht, wie die Zeit vergeht. Plötzlich erklingt neben ihm eine freundliche weibliche Stimme: »*Hej, kan jag hjälpa dig?*«[*]

---

[*] Hallo, kann ich Dir helfen?

Herr Müller schaut auf und sieht ein blondes junges Mädchen, das ihn herzlich anlächelt. Auf einem Namenschildchen an ihrem Pullover steht: Agneta. Schnell steht er auf und sagt: »*God dag, Agneta, can I rent a boat here?*«

Agneta sieht ihn freundlich an und gibt ihm bedauernd zu verstehen, dass sie das nicht weiß, aber nachschauen wird: »*Jag vet inte, men jag ska kolla.*«

Herr Müller ist irritiert. Ist er nicht im Touristenbüro? Wo, wenn nicht hier, sollte man es denn wissen? Nun ist er extra hergefahren – und dann weiß man nicht einmal, ob es Boote zum Ausleihen gibt? Erst keine Bedienung wegen der unverzichtbaren langen Kaffeepause – und dann nicht mal eine Antwort auf eine so einfache Frage? Herr Müller ist bereits leicht angesäuert. »*Why don't you know that, working right here in the tourist office?*« fragt er verkniffen.

Agneta lächelt verlegen und teilt ihm mit, dass sie nur Sommeraushilfe ist und sich leider nicht so auskennt in der Gegend. Sie will aber gern herumtelefonieren und nachfragen, ob man denn irgendwo ein Boot ausleihen kann. Sie schlägt ihm vor, morgen wiederzukommen, da hat sie sicher die Antwort.

Nun wird Herr Müller richtig sauer. »*We want to rent boat and I expect you to find out where, when and how much it costs! Today! What kind of tourist office is this?*«

Agneta wird hochrot im Gesicht, versichert ihm, dass sie nachschauen wird, und eilt so schnell sie kann ans Telefon, um ein paar Gespräche zu führen. Das dauert eine ganze Weile, Agneta ruft sicher mindestens fünf bis sechs verschiedene Leute an – so hört es sich an – und Herr Müller lauscht und versucht, aus ihren Gesprächsfetzen klug zu werden. Bei jedem Gespräch scheint es ja erst mal eine Menge Smalltalk zu geben – die scheinen ja hier alle unendlich viel Zeit zu haben, warum kommen die nicht gleich zur Sache, das wäre doch so viel einfacher und vor allem zeitsparender! Er hört eine Menge »*fint väder*«[*], »*bra*«[**] und »*vad trevligt*«[***],»*jättefint*«[****] und »*återkommer i morgon*«[*****] und vor allem »*tack*«[******] und »*tusentack*«[*******]. Nach ungefähr einer dreiviertel Stunde – die Herrn Müller vorkommt wie eine ganze Ewigkeit – ist Agneta endlich fertig mit Telefonieren und sagt ihm, dass es nicht sicher sei, dass ein Boot ausgeliehen werden könne. Ein Bauer, dessen Grundstück an den See grenze, leihe manchmal ein Boot aus; dieser sei aber gerade auf dem Feld und käme nicht vor dem Abend heim. Aber bis morgen könne sie das ganz bestimmt herausfinden.

Jetzt reicht es Herrn Müller aber und er beginnt zu schimpfen. Auf das lausige Touristenbüro, auf die unprofessionelle Bedienung, auf Agnetas Unkenntnis! Sein Urlaub ist schließlich kostbar und er hat nicht die Zeit, sie mit unkundigen Angestellten zu vertrödeln, die keine Ahnung haben von ihrem Job und offenbar nur was von Kaffeepausen verstehen! Schließlich ist das hier ein Touristenbüro, da sollte man doch meinen, dass die Angestellten wissen, was Sache ist in puncto Tourismus und Bootsverleih und überhaupt! Herr Müller ist

---

[*] Gutes Wetter.
[**] Gut!
[***] Wie schön, wie nett!
[****] Sehr gut!
[*****] Ich melde mich morgen wieder.
[******] Danke!
[*******] Tausend Dank!

nunmehr zornesrot und redet sich richtig in Rage, sein ganzer in nunmehr vierzehn Urlaubstagen aufgestauter Frust über die allgegenwärtige schwedische Bummeligkeit ergießt sich über Agneta, die ihn dennoch unverdrossen anlächelt und ihre Freundlichkeit, wenn auch mit einer gewissen Mühe, beibehält. Herr Müller gibt ihr ganz deutlich auf Englisch zu verstehen, dass er genaue Informationen wünscht – und zwar sofort, denn seine Familie wartet schon auf das Boot - und heute wollen sie Bootfahren, nicht morgen, übermorgen oder sonst wann! Heute! Wenn dies kein Touristenbüro wäre, würde er ja nichts sagen, aber so! Zuhause bei ihm in Deutschland, gibt er Agneta zu verstehen, da können die Angestellten in den Touristenbüros sofort auf alles Rede und Antwort stehen, denn dafür sind sie ja schließlich ausgebildet! Das ist ja ihr Job! Ob sich Agneta darüber schon mal Gedanken gemacht hätte?!

»*I understand*«, entgegnet Agneta, jetzt schon etwas kraftlos, »*jag ska försöka hitta en båtuthyrning men det blir svårt!*«[*]

Nun beruhigt sich Herr Müller wieder und ist etwas besänftigt, denn sie will es ja zumindest erneut versuchen! Es wird zwar schwierig, das hat sie ja gesagt, aber schwierig ist schließlich nicht unmöglich! Na also! Er wird solange schon mal einkaufen gehen, denn den ganzen Telefon-Smalltalk muss er sich ja nicht noch einmal anhören! Mit Hinweis auf sein in Kürze bevorstehendes Wiedererscheinen verabschiedet er sich von Agneta und geht zum *Konsum* um die Ecke. Als er nach langem Schlangestehen – an der Supermarktkasse saß eine unkundige junge Sommeraushilfe - eine geschlagene Stunde

---

[*] Ich will versuchen, einen Bootsverleih zu finden, aber das wird schwierig (in schwedischem Verständnis: unmöglich).

später wieder am Touristenbüro aufschlägt, ist es wegen Mittagspause geschlossen.

Herrn Müller schwillt der Kamm! Dieses Schweden! Entweder Kaffeepause oder Mittagspause oder Schlangestehen oder keine Ahnung! Wütend nimmt er auf der zu solchen Anlässen von ihm nun schon oft frequentierten Bank am Markt Platz und wartet, dass das Touristenbüro um eins wieder öffnet. Es wird dreizehn Uhr, aber keine Agneta zu sehen. Dafür schließt nun ein älterer Mann das Büro auf und wendet das Türschild gemächlich von »*stängt*«[*] zu »*öppet*«[**].

Herr Müller tritt ein und fragt nach Agneta. Diese sei ganz plötzlich erkrankt, lässt der ältere Herr ihn freundlich wissen. Ob er vielleicht Herrn Müller helfen könne? Herr Müller beginnt noch einmal ganz von vorn und trägt sein Anliegen vor, aber der ältere Herr schüttelt bedächtig den Kopf: »*Jag vet inte. Jag måste kolla!*«[***]

Herr Müller merkt, wie er innerlich wieder in Rage gerät. Fängt das jetzt schon wieder an? Weiß denn hier keiner irgendetwas? Er seufzt und macht sich nunmehr auf alles gefasst.

Nachdem der ältere Herr geruhsam einige Unterlagen durchstöbert hat, sagt er: »*I am sorry. En båt – det blir svårt!*«[****]

Nun hat Herr Müller verstanden – und gibt entnervt auf. Denn jetzt endlich geht ihm auf, was das bedeutet: »*det blir svårt*«. Das heißt: nein, niente, nada, no go – kein Boot!

Verdrossen und sehr übel gelaunt macht er sich auf den Heimweg und beschließt, beim nächsten Schwedenurlaub

[*] Geschlossen
[**] Geöffnet
[***] Ich weiß nicht, ich muss nachschauen.
[****] Ein Boot? Das wird schwierig (= unmöglich).

selbst ein Boot mitzubringen, in dieses Land der hunderttausend Seen, wo man von Bootsverleih und dergleichen offenbar noch nie etwas gehört hat!

Von Improvisation, Organisation und Missverständnissen

Es ist wirklich bedauerlich für Familie Müller, dass ihr begeistert geplanter Bootsausflug nun offenbar buchstäblich ins Wasser fällt. Herrn Müllers Verwunderung über die in seinen Augen so unprofessionelle Bedienung in der Touristeninformation ist nachvollziehbar und aus seiner Perspektive heraus verständlich. Gleichwohl ist anzumerken, dass ländlich gelegene schwedische Touristeninformationen in der Regel ihr Bestes tun, um den Wünschen der Gäste entgegenzukommen. Man muss jedoch zugutehalten, dass die ländliche Infrastruktur und die dortigen touristischen Angebote sich sehr von den durchorganisierten, alles bereithaltenden touristischen Angeboten z.B. Südeuropas unterscheiden. Auf dem Lande in Schweden läuft vieles auf privater Basis; so verleiht ein Dorfbewohner ein Boot, der andere macht Führungen durch den Wald, wieder ein anderer bietet Reittouren an usw. – diese Aktivitäten werden allerdings häufig nur nebenberuflich zu jeweils individuell zu vereinbarenden Zeiten angeboten und müssen daher von Fall zu Fall erfragt und organisiert werden. Oft funktioniert das ganz wunderbar – aber es ist eben nicht immer alles überall und vorhersehbar vorhanden. Das sollte jedoch in keinem Fall Anlass für einen Wutausbruch sein – ein Verhalten, das in Schweden absolut tabu ist und mit dem man sich für alle Zeiten unmöglich macht.

Im obigen Beispiel hat sich die Sommeraushilfe Agneta gleich nach Herrn Müllers Wutanfall krankschreiben lassen, eine in Schweden beliebte und häufig genutzte Möglichkeit, Konflikten – oder wie in diesem Fall einer zweiten Begegnung mit dem aufgebrachten Herrn Müller – aus dem Weg zu gehen.

Das ewige »*jag vet inte*«

Es ist zwar verständlich, dass es Touristen mitunter auf die Nerven gehen mag, im Sommer in Schweden vielerorts nur an Sommeraushilfen zu geraten, die außer physischer Präsenz am Arbeitsplatz und einem freundlichen Lächeln nicht viel anderes – sprich qualifizierte Job-Kenntnisse – anzubieten haben. In Schweden ist jedoch der Sommer die große Chance für die meisten (hierzulande von klassisch hoher Arbeitslosigkeit betroffenen) jungen Leute, etwas Geld zu verdienen. Sie werden dann als Sommeraushilfen sofort eingesetzt, praktisch gar nicht angelernt – und können daher auf Fragen jeder Art oft nicht viel anderes antworten als: »*jag vet inte*«. Weil sie die Antwort wirklich nicht wissen. In Schweden ist es jedoch keine Schande, jemand anders zu fragen, wenn man selbst die Antwort nicht weiß. Und so lautet die Antwort auf Kundenfragen häufig: »*Jag vet inte. Jag måste kolla (fråga)*« – insbesondere in den Sommermonaten, aber nicht nur dann.

Das schwedische »Ja« und das schwedische »Nein«

Lautet die Antwort gar: »*det blir svårt!*«[*] – kann man das so gut wie in allen Fällen als ein »Nein« deuten. Dann ist die Sache so ziemlich unmöglich. In Schweden antwortet man auf Fragen in der Regel nämlich nicht mit einem direkten »Ja« oder »Nein«. Das schwedische »Ja« drückt sich meistens aus im »*Jag tror det*« (»ich glaube das«), das schwedische »Nein« im »*det blir svårt*« oder auch im »*det tror jag inte*« (»das glaube ich nicht«). Ein einfaches »Ja« würde für schwedische Verhältnisse zu selbstbewusst und eventuell besserwisserisch klingen – und mit einem »*jag tror det*« (»ich glaube das«) kann man sich gegebenenfalls auch leichter aus der Affäre ziehen und entgeht eventueller Kritik, falls die Antwort doch nicht stimmen sollte – man hat ja nichts Verbindliches gesagt. Mit einem einfachen und kurzen »Nein« antwortet man hingegen sehr ungern, denn das klingt in schwedischen Ohren zu hart. Da drückt man es lieber ein wenig milder aus und sagt: »*det blir svårt*« (»das wird schwierig«). Jeder Schwede weiß dann sofort, dass es die Mühe nicht lohnt, weiter zu insistieren. Ausländer hingegen bleiben meist weiterhin optimistisch, denn schwierig ist ja nicht unmöglich... und geben sich zunächst nicht so schnell geschlagen, bis dann nach einer Weile der Groschen fällt.

---

[*] Das wird schwierig!

Küss mich zuhause

Gefühlsausdruck im Lande des *jantelagen*

Der Hochzeitstag von Herrn und Frau Müller fällt dieses Mal in den Sommerurlaub. Richtig romantisch, mit einem schönen Dinner zu zweit, wollen sie ihn verbringen. Nicht weit entfernt von ihrem Ferienhaus gibt es nämlich einen schwedischen *herrgård** am See mit angeschlossenem Restaurant, das haben sie schon vor Reiseantritt im Schweden-Prospekt entdeckt und dort gleich rechtzeitig einen Tisch bestellt. Max und Klara sind damit einverstanden, an diesem Abend allein im Ferienhaus zu bleiben – das ist doch mal spannend, so ganz ohne Eltern. Sie sind ja schließlich keine Kleinkinder mehr! Außerdem, wozu gibt es Mobiltelefone – wenn was ist, sind ihre Eltern ja in einer halben Stunde zurück, kein Problem.

Es ist später Nachmittag des großen Tages. Voller Vorfreude machen Klaus und Petra Müller sich fein, Geld, Handy, Schlüssel eingepackt – und los geht's. »Tschüss Kinder, macht keine Dummheiten, das Essen ist fertig, ruft an, wenn was ist, und macht bloß kein Feuer!«

»Nee«, grinst Max, »alles klar, machen wir nicht! Viel Spaß – und fallt bloß nicht in den See beim Küssen!«

* Herrenhaus

Die Müllers lachen, schließen ihre zwei Schlingel zum Abschied in die Arme und fahren los.

Als sie am *herrgård* ankommen, gratulieren sie sich zu ihrer Wahl, denn vor ihnen, am Ende der kiesbelegten Auffahrt, steht ein wunderschönes, vornehmes Gebäude aus herrlichem elfenbeinfarbenen Sandstein, umgeben von vier ganz reizenden Kavaliershäusern und hinter dem *herrgård* eine große Wiese mit üppigen Blumenrabatten, die an einen spiegelblanken weit gestreckten See grenzt. Überall ringsumher tiefe grüne Wälder: welch ein Anblick! Wahrhaftig hochherrschaftlich! Dass dies auch vielen anderen zu gefallen scheint, beweist der Parkplatz, der fast vollständig belegt ist.

»Wunderschön« seufzt Frau Müller mit leuchtenden Augen und schmiegt sich an ihren Mann. »So viel Luxus – nur für uns!«

Herr Müller nimmt zärtlich die Hand seiner Frau: »Meine Liebe, soviel Luxus hast Du Dir verdient, so lange, wie Du es schon mit mir aushältst!«

Frau Müller lächelt schelmisch, küsst ihren Mann zärtlich auf die Nase und grinst ihn an. »So schwer war das gar nicht, Klaus, weißt Du, nur schlappe zwei-drei Whisky am Tag und ab und zu etwas Baldrian, mehr braucht es dazu gar nicht!«

Herr Müller lacht und gibt seiner Frau einen Klaps auf den Po.

In bester Stimmung schlendern sie Hand in Hand zum Eingang des Restaurants und treten ein. Drinnen ist es noch schöner als draußen, überall Stuck an elfenbeinfarbenen Wänden und Decken, im Speisesaal goldgerahmte Wandvertäfelungen und königsblaue Bordüren, dazu elegante weiße gustavianische Möbel, Kristall-Lüster, elegantes Tischdekor und Kerzenlicht. Und all das mit bester Aussicht auf den See – fantastisch! Genau das richtige Ambiente für ein romantisches Dinner zu zweit.

Ein weiß gekleideter Kellner mit langer Schürze geleitet sie zu einem Tisch mit Blick auf den See, legt ihnen die Speisekarten vor und fragt auf Englisch freundlich nach ihren Wünschen für den Aperitif. Die Wahl ist leicht: An diesem Tag ist nur Champagner gut genug! Ringsumher sind sämtliche Tische besetzt von schwedischen Familien und Paaren; der Geräuschpegel ist angenehm niedrig, man hört nur leises Murmeln. Andere Touristen haben sich heute offenbar noch nicht hierher verirrt.

Als ihre Champagnergläser gereicht werden, schaut Herr Müller seiner Frau tief in die Augen, hebt sein Glas und stößt mit ihr an: »Auf die nächsten 15 Jahre mit Dir, mein Liebling!«

Frau Müller nimmt seine Hände in die ihren, beugt sich über den Tisch und gibt ihrem Mann einen langen zärtlichen Kuss. Abwechselnd turtelnd und küssend studieren sie dann gemeinsam die vielversprechende Speisekarte; der Kellner steht längst neben ihnen und wartet geduldig und diskret auf die nächste Turtelpause, um dann die umfangreiche Bestellung zu notieren. Die anderen Gäste nehmen das verliebte Ehepaar offenbar gar nicht zur Kenntnis. Beide Müllers fühlen sich wie im siebten Himmel, als seien sie ganz allein auf der Welt. Am Hochzeitstag so ganz ohne Kinder in einem traumhaft schönen Restaurant am See im herrlichen Schweden – kann denn das Leben schöner sein?

Verliebt wie am ersten Tag können sie kaum voneinander lassen; sie schmusen und turteln sich durch das köstliche 6-Gänge-Menü. Bester Stimmung und herrlich champagnerbeseelt nehmen Müllers ihre direkte Umgebung bald gar nicht mehr wahr, sondern ergehen sich über mehrere Stunden prustend in vergnügten Schilderungen denkwürdiger Geschehnisse ihrer nun schon 15 Jahre andauernden Ehe und amüsieren sich ganz köstlich – dies in einer Lautstärke weit über dem Murmel-Pegel, sodass auch die anderen Gäste auf keinen Fall zu kurz kommen...

Als sich beide von einem ihrer unzähligen Lachanfälle beruhigen, japst Frau Müller nach Luft und ruft mordsvergnügt ihrem Mann zu: »Liebling, das ist der schönste Hochzeitstag, den wir je gefeiert haben! Gib' mir mehr Champagner, dann bleib' ich glatt noch mal fünfzehn Jahre bei Dir!«

Don't kiss me, Kate!

Wenn Herr und Frau Müller sich ein wenig genauer im schönen *herrgårds*-Restaurant umgeschaut hätten, wäre ihnen vielleicht aufgefallen, dass man sie durchaus zur Kenntnis genommen hat. Wie auch nicht – öffentliches Turteln und Zeigen von Gefühlen kommt in Schweden so selten vor, dass jeder es zur Kenntnis nimmt, wenn es denn doch einmal geschieht. Für lautes Lachen, überhaupt für jede Form von menschlich erzeugter Lautstärke (im Gegensatz zu – akzeptierter – maschinell erzeugter, wie z.B. durch Rasenmäher oder Motorsäge) gilt das gleiche: Lautstärke fällt auf, und zwar nicht unbedingt positiv, da sie die anderen stört. Der Grund der Lautstärke spielt dabei keine Rolle. Nur Kindern und Betrunkenen wird es nachgesehen, wenn sie für einen erhöhten Geräuschpegel sorgen. Die anderen Gäste im Restaurant nahmen das verliebte Ehepaar also offenbar gar nicht zur Kenntnis, in Wirklichkeit beobachtete man sie unablässig und dabei höchst unauffällig aus den Augenwinkeln – und fand ein solches Verhalten vermutlich unpassend und einfach »pathetisch«, wie man es in Schweden nennt. Denn es wird als pathetisch, und als Zumutung für die anderen Anwesenden betrachtet, diese ungefragt mit »*public display of affect*ion« zu beglücken, wie es ja zum Beispiel im Englischen so schön heißt – und man will sich beim Austeilen von Zärtlichkeiten den Blicken der anderen nicht aussetzen. Auch der Kellner dürfte übrigens eher amüsiert bis genervt – statt von solcher Zurschaustellung von Gefühlen erfreut oder gar gerührt gewesen sein.

Das öffentliche Zeigen und Ausdrücken von Gefühlen ist – lapidar gesagt – der meisten Schweden Sache nicht (ganz junge Leute eventuell ausgenommen). Gefühle, Küsse und Berührungen sind Privatsache und werden zuhause ausgedrückt bzw. ausgetauscht. Das ist in Schweden eine solche Selbstverständlichkeit, dass sie praktisch nirgendwo und niemals kommuniziert wird. Auch hier legt wieder das *jantelagen* seine Fallstricke für den unkundigen Besucher aus: Die Gefühle des Einzelnen sind nicht wichtig, man hat sie daher für sich zu behalten und andere nicht damit zu belästigen, will man nicht als anmaßend, wichtigtuerisch und pathetisch gelten.

Wenn man also nicht wider Willen zur allgemeinen Belustigung – und leise geäußerten Lästereien auf Schwedisch – beitragen möchte, schaut man sich im Zweifelsfalle am besten einfach um und guckt, wie es die anderen machen.

Auf Wiedersehen, Schweden!

Wenngleich ihnen die durchgehende Gemächlichkeit in allen Bereichen des schwedischen Lebens mitunter auch ganz schön zu schaffen gemacht hat, haben sich die vier Müllers doch ganz prächtig erholt, viel besser eigentlich als jemals zuvor, wie sie am letzten Urlaubstag übereinstimmend feststellen. Das Sommerwetter ist in Schweden überraschend warm, die vielen Seen einfach herrlich, die allgegenwärtige Ruhe ist so wohltuend, überall ist Platz, alle Menschen sind immer freundlich – und vor allem treibt einen hier niemals jemand zur Eile an oder schimpft, was besonders die Kinder ganz prima finden. Max und Klara beschließen denn auch gleich einstimmig, dass der nächste Urlaub ebenfalls in Schweden stattzufinden hat, denn sonst droht Dauernörgeln und zwar kräftig, lassen sie ihre Eltern wissen. Herr und Frau Müller haben jedoch gar nichts dagegen, im nächsten Urlaub nach Schweden zurückzukehren, denn hier haben sie sich so gut entspannt wie nie zuvor. Der ganze heimische Stress ist komplett von ihnen abgefallen, sie fühlen sich um mindestens zehn Jahre jünger und haben in dieser allumgebenden Ruhe und Schönheit der schwedischen Natur jede Menge neue Energie getankt. Das wollen sie doch zu gern noch einmal haben! Die Sache ist also klar – auch der nächste Urlaub führt wieder nach Schweden, versprechen die Müllers, großes Elternehrenwort!

Teil 2

Zuhause in Schweden

Endlich am Ziel

My own private Bullerbü

Schweden hat wirklich einen sehr nachhaltigen Eindruck auf die Müllers gemacht! Diese Ruhe, diese Größe, diese Freundlichkeit – und vor allem diese unglaubliche Natur! Wie viel Platz man hat! Wie freundlich die Menschen stets sind! Kinder sind immer gern gesehen, keiner treibt einen, niemand mischt sich ein, man ist stets ganz ungestört und keiner nervt einen unnötig – ganz im Gegensatz zu Deutschland! Im neu erworbenen, winterfesten Ferienhaus genießen die Müllers nun bereits seit mehreren Jahren hintereinander mindestens drei Mal jährlich ihren Schwedenurlaub in vollen Zügen, bis sie schließlich beschließen, Nägel mit Köpfen zu machen und auf so viel Lebensqualität auch im Alltag nicht länger zu verzichten.

Nach langem, gründlichen Kriegsrat mit der Familie bewirbt sich Herr Müller um einen Job bei der schwedischen Tochtergesellschaft seines Unternehmens, den er auch tatsächlich bekommt – dank seiner gesuchten Qualifikation, seiner nunmehr recht guten Schwedischkenntnisse – aber vor allem wegen der Fürsprache seines ehemaligen Kollegen Lars Karlsson, der ebenfalls vor einigen Jahren zum gleichen Unternehmen gewechselt war.

Die Kinder freuen sich auf die schwedische Schule, von der sie schon so viel Gutes gehört haben, nämlich dass es dort weder Noten noch Hausaufgaben gibt, dafür ganz viel Ferien, jeden Mittag warmes Essen und sogar ab und zu einen »*sov-morgon*«*, an dem alle Kinder länger schlafen dürfen und erst später zur Schule müssen. Vom schwedischen Nachbarsjungen haben sie sogar gehört, dass man ruhig mal eine Weile gar nicht zur Schule gehen kann, wenn man etwa »*skoltrött*«, also »schulmüde« sein sollte. Außerdem soll der Unterricht in Schweden ganz einfach sein – paradiesische Aussichten also!

Frau Müller hingegen freut sich auf das Anpflanzen und Ernten im schönen großen Garten und auf ihr Distanzstudium, das sie von zuhause aus beginnen wird. Im ortsansässigen Altersheim wird sie später nebenbei als *underskötterska*** arbeiten, gute Job-Aussichten hat man ihr dort bereits attestiert, denn ihre Krankenpflegeausbildung ist hier sehr gefragt. Sicher wird sie da gute Kontakte zu ihren Arbeitskollegen bekommen und Freundschaften schließen, sodass man auch mal etwas zusammen unternehmen kann!

Nun sind die Müllers also endlich angekommen im Land ihrer Träume! Den Umzug mit all seinen Mühen haben sie erfolgreich hinter sich gebracht, einiges Bürokratische ist zwar noch zu erledigen, aber der größte Schritt ist bereits getan. Im Haus muss für dauerhaftes Wohnen noch so einiges verbessert und repariert werden, aber wofür gibt es schließlich Handwerker? Auch das mit Telekommunikationstechnik und Internet wird bestimmt nicht so einfach, aber da kommt sicher jemand,

---

* Wörtlich übersetzt: Schlafmorgen, geplantes längeres Ausschlafen der Schulkindor.
** Pflegehelferin

der das installiert. Kurzum – die Müllers sind bester Laune und gratulieren sich zu ihrem Entschluss: Nie wieder Stress, nie wieder »Spielen verboten«, nie wieder Enge, Hektik und unfreundliche Zeitgenossen! Ausgelassen hissen sie vor dem Haus ihre neue Schwedenfahne.

Am Abend nach ihrem Umzug sitzen sie schließlich vergnügt am schönen Holztisch im großen eigenen Garten – der so gar keine Zäune hat – und feiern ihr zukünftiges neues Leben original schwedisch mit jeder Menge *köttbullar**, pota-tismos***, kanelbullar**** und lingondryck*****.

»*Heja Sverige!*«***** – das neue Leben kann beginnen!

* Fleischklößchen
** Kartoffelpüree
*** Zimtwecken
**** Preiselbeer-Getränk
***** Es lebe Schweden!

Der Garten

Wo kein Zaun, da kein Richter?

Müllers neuer großer Garten ist wirklich eine Pracht – dass man so viel Land für so wenig Geld bekommen kann, einfach unglaublich! Das Ehepaar Müller geht stolz umher und betrachtet seinen Besitz. Eigentlich wissen sie gar nicht so genau, wo dieser anfängt und aufhört, denn Zäune gibt es ja keine. Auf jeden Fall stehen auf dem Grundstück überall jede Menge Schuppen und Scheunen herum, vermutlich, weil ihr Haus keinen Keller hat. Fünfhundert Meter weiter zur Linken wohnt eine schwedische Familie mit drei Kindern und zur Rechten steht ein schönes rot-weißes Knusperhaus, das einem älteren Herrn aus Stockholm gehört, der es als Feriendomizil benutzt und zwischendurch auch gelegentlich an den Wochenenden kommt, um Rasen zu mähen und nach dem Rechten zu sehen. Meistens sind Müllers also hier völlig ungestört.

Fröhlich betreten sie sämtliche Schuppen und entdecken zu ihrer Freude schöne antike Gebrauchsgegenstände, die sie hochzufrieden in ihr Haus tragen: ein altes Waschbrett, eine Milchkanne, einen Nachttopf, eine schöne altmodische Waschschüssel, einen ganz herrlichen hölzernen Buttertrog, ein ledernes Pferdegeschirr und ein paar bemalte Holzschuhe. Frau Müller freut sich riesig über so viel hübsche Gratis-Dekoration für ihr Haus, die in Deutschland sicher ein Ver-

mögen kosten würde und sogleich im ganzen Haus verteilt
wird.

Als das Wochenende kommt, klopft es plötzlich an ihre Tür,
und ihr Nachbar, der ältere Herr aus Stockholm, steht davor,
entschuldigt die Störung und fragt sie mit ernster Miene, ob
bei ihnen auch eingebrochen worden sei? Man habe nämlich
alle seine kleinen Antiquitäten entwendet, die er aus Platz-
mangel im Schuppen aufbewahrt habe. Bisher sei ja nichts
vorgekommen, aber nun sei plötzlich alles weg. Ob sie vielleicht irgendetwas wüssten oder gesehen hätten?

Ach du lieber Himmel – den Müllers plumpst das Herz in
die Hose: Gerade erst eingezogen und schon des Diebstahls
schuldig! Sie werden beide ganz rot, sehen einander betreten
an, und Frau Müller gesteht dem älteren Herrn sehr verlegen, dass sie es waren, die seine Sachen stibitzt haben, in der
Annahme, es handele sich um ihren eigenen Schuppen und
darin vom Vorbesitzer zurückgelassene Sachen. Sie hätten
nämlich leider nicht gewusst, wo ihr Grundstück aufhöre und
seines anfange, da es ja keine Zäune gebe – und entschuldigen sich vielmals. Dem älteren Herrn ist seine Erleichte-
rung – und Verwunderung – anzumerken, freundlich winkt
er sie heraus, um ihnen den Verlauf der Grundstücksgrenzen
zu zeigen. Diese sind – für schwedische Augen – ganz klar
und sinnfällig an verschiedenen großen Bäumen abzulesen,
die man allerdings aus der Masse der Bäume erst mal »heraus-
sehen« muss.

Der Antiquitätenschuppen steht demnach ganz klar auf
dem Grundstück des Nachbarn, wie auch ein paar weitere
Außengebäude, die Müllers sich Gott sei Dank noch nicht

vorgeknöpft hatten. »Aha« staunen die Müllers, das hätten sie nicht so bald selbst herausgefunden! Sie danken ihrem Nachbarn herzlich für die sehr willkommene Aufklärung und laden ihn sogleich zum Kaffee in den Garten ein.

Wortreich entschuldigen sie sich bei *tårta*[*] und *kanelbullar*[**] noch einmal für ihr ungewollt freches Vorgehen. »*Ingen fara*«[***], erwidert der Nachbar, »*det är bra*«[****] und geht nach der gemütlichen Kaffeerunde zufrieden nach Hause.

Die hohe Kunst der Grenzwahrung

Ländliche schwedische Grundstücksgrenzen sind meistens so gut wie unsichtbar für Ausländer, die aus der Heimat deutlich markierte Eigentumsverhältnisse in Form von Zäunen, Schildern, Eingangspforten und dergleichen gewohnt sind. Ungewollte Übertritte auf Nachbargrundstücke sind daher recht üblich, wenn man neu auf dem Lande in Schweden ist. Zwar werden solche (und andere) Übertritte in Schweden normalerweise kaum offen verbal beanstandet oder kritisiert; sie sind gleichwohl nicht gern gesehen und sorgen in Dorf und Nachbarschaft für nachhaltigen Gesprächsstoff. Man tut daher gut daran, sich sicherheitshalber vorab beim Makler oder beim nächsten Nachbarn nach den genauen Grundstücksgrenzen zu erkundigen, will man nicht zufällig und ungewollt als frecher Eindringling gelten, der den Besitz anderer nicht respektiert.

[*] Torte
[**] Zimtwecken
[***] Kein Problem (wörtlich: keine Gefahr).
[****] Das ist okay, das ist in Ordnung (wörtlich: das ist gut).

Der Wunsch nach Service

Die Müllers installieren sich so allmählich im eigenen Heim – und da gehört natürlich auch Telefon und Internet dazu. Schnell soll es sein und billig!

»Komm«, sagt Frau Müller zu ihrem Mann, als sie sich auf einen Anbieter geeinigt haben, der alles Gewünschte als Paket mit Flatrate preiswert zur Verfügung stellt, »lass uns den Techniker bestellen, der schließt dann gleich alles an, und wir haben keine Probleme mit den schwedischen Kabeln und Vorschriften und all dem Kram!«

Gesagt, getan, Frau Müller sitzt am Telefon und ruft die Telekommunikationsgesellschaft an. Man freut sich über ihren Anruf, und sehr freundlich notiert die Dame am anderen Ende der Leitung die Wünsche der Müllers nach Internet und Telefon. Auch das Datum für den Anschluss wird bekannt gegeben – und gleich am nächsten Tag ist schon die Bestätigung im Briefkasten. An besagtem Tag des Anschlusses warten nun die Müllers gespannt und schon voller Vorfreude auf den Techniker, allerdings vergeblich. Die Stunden vergehen, es wird Nachmittag, und kein Techniker kommt. Stattdessen finden sie einen großen Brief im Kasten, mit einer Installations- und Bedienungsanleitung für die neue ADSL-Anlage, diese auf Schwedisch natürlich. Ziemlich sauer ruft Frau Müller bei der Telekommunikationsgesellschaft an und wählt sich durch die verschiedenen Alternativen des automatischen Weiterleitungssystems, bis sie den richtigen Ansprechpartner der Abteilung »Support« an der Strippe hat. Verärgert fragt ihn Frau Müller, warum denn der Techniker nicht gekommen sei, nun hätten sie den ganzen Tag vergeblich gewartet!

Ihr Gesprächspartner, ein junger Mann namens Jonas antwortet ihr freundlich, dass gar kein Techniker kommen werde.

»Ja, warum hat man uns das denn nicht gleich gesagt?« schnaubt Frau Müller auf Schwedisch.

Es käme ja nie ein Techniker, sagt der junge Mann, ob sie denn um einen gebeten hätten?

»Nein«, antwortet Frau Müller, »aber das versteht sich doch wohl von selbst, dass irgendeiner das ganz anschließen muss!«

In Schweden mache man das immer selbst, sagt der junge Mann, die Bedienungsanleitung hätten sie ja erhalten. Ein Techniker käme nur, wenn noch gar kein Telefonanschluss im Hause vorhanden sei, aber das sei ja bei ihnen nicht der Fall.

»Da hört sich doch alles auf!« zürnt Frau Müller, »gibt es denn hier in Schweden gar keinen Service?«

»*Jådå*«[*], antwortet der Supportmitarbeiter gleichbleibend freundlich, »aber der ist teuer, mindestens fünfhundert Kronen die Stunde kostet das, plus *moms*[**], plus Anfahrtskosten. Wenn Du aber Probleme mit der Anlage hast, kannst Du uns immer gern anrufen!«

Seufzend knöpft sich Frau Müller, die sich um solche Dinge

---

[*] Ja doch, sicher doch.
[**] Mehrwertsteuer

niemals zuvor kümmern brauchte, die schwedische Bedienungsanleitung vor und versucht ihr Bestes, um die Dinge ins Laufen zu bringen. Und siehe da – es ist gar nicht so schwer! Die Bedienungsanleitung ist nämlich exzellent, einfach und sehr verständlich Schritt für Schritt geschrieben und bebildert, sodass man eigentlich gar nichts falsch machen kann!

Als Herr Müller nach Hause kommt, funktioniert bereits alles bestens und Frau Müller strahlt ihn an: »Ich bin jetzt unter die Techniker gegangen, macht 1.500 Kronen plus *moms*, bitte!«

Das allgegenwärtige Ikea-Prinzip: Build it yourself

Die oben geschilderte Erfahrung mit der Telekommunikationsgesellschaft ist beileibe kein Einzelfall, sondern die Regel. Service ist in Schweden selten und teuer, wenn er auch seit Kurzem in den Medien sozusagen etwas in Mode kommt und einige Unternehmen Service mittlerweile als Konkurrenzvorteil erkennen. Ansonsten macht man in Schweden das meiste selbst, jedenfalls so weit wie möglich. So wie man sich seine Ikea-Möbel selbst zusammenbaut, so baut man zum Beispiel halt auch seine Telefonanlage oder seinen Internetanschluss inklusive Router, Gateways und dergleichen mehr seit jeher ganz selbstverständlich alleine zusammen. Allüberall gilt also das Ikea-Prinzip – und daher führt es zu nichts, die jeweiligen Kundendienstmitarbeiter am Telefon anzublaffen und Service zu fordern. Wie gesagt, diesen kann man haben – aber nur, wenn man deftige Rechnungen nicht scheut.

Nur die Ruhe

Die Kunst der Handwerkerbeauftragung und -pflege

Im neuen alten Haus muss einiges repariert und umgebaut werden, damit es so wird, wie die Müllers es sich vorstellen. Im Badezimmer soll ein Bidet installiert werden, und auch ein paar neue Rohrleitungen braucht es dort. Einige Elektroleitungen sind uralt und müssen dringend erneuert werden, auch der Schornstein will neu aufgemauert sein, am besten natürlich vor Wintereinbruch, der aber erst in einem Vierteljahr bevorsteht. Kein Problem, denkt Frau Müller, die derzeit tagsüber noch zuhause ist, und greift zu den *gulasidorna*, den Gelben Seiten, denn die gibt es natürlich auch hier. Fürs Badezimmer und die Wasserleitungen ist ein *rörmokare* zuständig, davon scheint es aber nicht sehr viele zu geben in dieser Gegend, nur zwei Einträge sind zu finden. Frau Müller ruft beide an und erreicht in beiden Fällen mehrere Male zunächst nur den jeweiligen Anrufbeantworter. Schließlich spricht sie in ihrem schon ganz passablen Schwedisch eine Nachricht aufs Band und wartet auf den Rückruf der Klempner. In der Zwischenzeit kann sie ja schon mal nach Elektrikern suchen, die scheinen aber ebenfalls dünn gesät zu sein, nur drei Einträge für die gesamte Region. Hier wiederholt sich das Gleiche, niemand ist telefonisch zu erreichen. Frau Müller ist genervt – arbeitet denn hier keiner? Sie gibt sich nicht geschlagen, sondern probiert es jetzt mal mit den

Maurern, den *murare*, irgendwann muss doch mal jemand zu erreichen sein. Aber auch hier: Fehlanzeige.

Frau Müller schaut auf die Uhr. Nun telefoniert sie schon mindestens eine halbe Stunde herum und ist keinen Schritt weitergekommen. Da fällt es ihr plötzlich ein: *Fikapaus*[*]! Natürlich! Da geht doch ganz Schweden nicht ans Telefon, hat sie gehört – und ja auch schon ein paar Mal selbst erlebt. Also – auf ein Neues! Zwischen 10.30 und 11.30 telefoniert sie weiter geduldig herum und erreicht schließlich sowohl den Klempner als auch den Maurer. Beide versprechen, in der nächsten Woche vorbeizukommen und sich die Sache einmal anzuschauen. Sie werden vorher anrufen.

Die nächste Woche kommt und beide Handwerker tauchen tatsächlich auf. Zuerst kommt der Klempner. Er schaut sich das Badezimmer an und Frau Müller erklärt ihm, dass sie dort ein Bidet haben möchten und dass auch die Wasserzuleitung zur Dusche abgedichtet werden muss. Der Klempner nickt und brummelt leise vor sich hin, Frau Müller hört eine Menge *»jaha«*[**], *»jaså«*[***] und *»det fixar vi«*[****] und fragt ihn, ob er den Auftrag übernehmen kann.

»Visst, inget problem«[*****], antwortet der Klempner, er müsse nur zunächst Material bestellen und vor allem das neue Bidet, danach könnte er kommen und alles anbringen, er melde sich dann per Telefon. Daraufhin packt er seine Sachen und fährt von dannen.

---

[*] Landesweite Kaffeepause, meist gegen 9.30 und 14.30 Uhr.
[**] Aha.
[***] Ach so.
[****] Das kriegen wir hin!
[*****] Gewiss, kein Problem!

Die Wochen gehen ins Land und kein Klempner kommt. Dafür taucht plötzlich an einem schönen Herbsttag ein Lieferwagen auf, dessen Fahrer das neue Bidet und ein paar Meter Rohrleitung in den Garten stellt, Frau Müller freundlich zuwinkt und wieder verschwindet. Zwei weitere Wochen vergehen, ohne dass irgendetwas geschieht.

Die Müllers sind allmählich stinksauer. Wütend ruft Frau Müller wiederholt den Klempner an und stellt ihn zur Rede, als sie ihn endlich an den Apparat bekommt. Er habe doch kommen und die Arbeiten ausführen wollen! Was das denn sei – jetzt ist schon mehr als ein Monat vergangen und nichts ist passiert! Lege er denn keinen Wert auf Kundschaft? In Deutschland könne ein Handwerker sich so ein Verhalten ganz sicher nicht leisten, dafür sorge schon die Konkurrenz!

Der Klempner entschuldigt sich zerknirscht mit seinem prall gefüllten Auftragskalender und sichert zu, baldmöglichst zu kommen und vorher anzurufen.

Mit dem Maurer ist es auch nicht besser: Nach eingehender Besichtigung des Schornsteins und Kalkulation der auszuführenden Arbeiten nimmt er den Auftrag an, lässt danach aber nichts mehr von sich sehen oder hören.

Die Müllers sind mittlerweile nicht mehr wütend, sondern rasend – und überlegen allen Ernstes, Klempner und Maurer aus Deutschland einfliegen zu lassen, in der alten Nachbarschaft gab es ja etliche. Kurz bevor sie diesbezüglich zur Tat schreiten, erscheint doch tatsächlich der Klempner! Erleichtert schlucken die Müllers ihren Groll herunter und sind froh, dass überhaupt endlich einmal jemand kommt. Zusammen mit seinem Gehilfen macht der Klempner sich gemächlich ans Werk, stellt das Wasser ab und entfernt die schadhaften Rohre aus der Dusche. Nach kurzem Arbeitseinsatz ist es jedoch bereits Zeit für die *fikapaus*, beide Männer sitzen im Lieferwagen zusammen und lassen es sich schmecken, während Frau Müller sich die Haare rauft: Da wartet man erst geschlagene zwei Monate auf den Klempner – und dann macht er Pause, kaum dass er angefangen hat! Auch scheint er noch nie zuvor ein Bidet gesehen zu haben, denn zusammen mit seinem Gehilfen geht er murmelnd um das blitzblanke neue Bidet herum, und beide scheinen offenbar zu raten, was man damit anfangen und wie man es montieren könne.

Das macht wirklich keinen professionellen Eindruck auf Frau Müller! Als der Klempner dann nach erfolgreichem Montieren des Bidets beginnt, die neuen Rohrleitungen zur Dusche über Putz zu verlegen, ist es schließlich um ihre Beherrschung geschehen. Laut fährt sie ihn an: »Hör mal, also so macht man das nun wirklich nicht! Ich will das ordentlich erledigt haben. Leitungen über Putz – was ist das denn? Ich bin nicht zufrieden!«

Der Klempner beendet sein Werk und murmelt freundlich was von schwedischen Bauvorschriften, aber Frau Müller lässt sich ihre Enttäuschung deutlich anmerken. Mit einem sehr frostigen »*hej då*« verabschiedet sie Klempner und Gehilfen und seufzt: »Das kann ja heiter werden, wenn erst der Maurer kommt!«

Keine Haue für den Handwerker!

Frau Müller hat Glück, dass der schwedische Klempner überhaupt noch gekommen ist, nachdem sie ihn bereits am Telefon angeblafft und kritisiert hat. Die gängige Reaktion ist in einem solchen Fall nämlich dauerhaftes Fernbleiben. Handwerker sind auf dem Lande in Schweden Mangelware und damit in gewissem Sinne »Könige«, um deren Gunst man eher wirbt, statt sie zu verärgern. Sie haben oft praktisch keine Konkurrenz, aber dafür auf Monate – manchmal gar Jahre – hinaus prall gefüllte Auftragsbücher. Es empfiehlt sich, sie stets freundlich und wertschätzend zu behandeln, wenn man sie nicht auf immer vertreiben möchte. Kritik ist in ganz Schweden in jeder Situation unbeliebt; direkte Kritik wird als extrem beschämend empfunden und ruft stets enormen (nicht geäußerten) Groll hervor. Im Übrigen funktioniert die Buschtrommel auf dem Lande ganz ausgezeichnet: Ein kritisierter, unfreundlich behandelter Handwerker wird seine Erfahrungen umgehend an andere Handwerker, Freunde und Bekannte weitergeben, die ihrerseits für weitere Verbreitung sorgen. Es gibt schwedische Handwerker, die es mittlerweile gänzlich ablehnen, für Deutsche tätig zu werden, da es mit ihnen so häufig Ärger gibt.

Um die *fikapaus* kommt man übrigens in Schweden (außer in einigen Branchen in den Großstädten) nie herum – diese wird genauso beinhart eingehalten wie die Mittagspause und die pünktliche Beendigung der Arbeitszeit. Weiterhin ist hierzulande Teamarbeit auch im Handwerk üblich; falls sie also gemeinsam erscheinen, beraten Handwerker und Gehilfe auch gemeinsam, wie man eine Sache am besten anfängt – im Gegensatz zu Deutschland, wo ein Handwerker seinem Gehilfen häufig mehr oder weniger befiehlt, eine Arbeit auszuführen.

Dass die bautechnischen Vorschriften verschiedener Länder auch verschiedenartig ausfallen, ist eigentlich nichts Ungewöhnliches. Aber: Man kann von einem Handwerker schlecht verlangen, dass er gegen seine Berufs- oder Bauvorschriften verstößt, gleich in welchem Lande. Am deutschen Wesen kann das schwedische Handwerk daher nicht genesen...

Im Job

Leistung muss sein und Zeit ist Geld – oder?

Heute geht Herr Müller das erste Mal zur Arbeit. Die vorausgehenden Gespräche mit dem Personalchef Jan und seinem Kollegen Anders, dem Abteilungsleiter Vertrieb, waren ja sehr freundlich verlaufen, er hatte fast gar nicht den Eindruck, dass es sich um Einstellungsgespräche handelte, so entspannt, humorvoll und geradezu privat ging es zu. Meistens ging es auch gar nicht um seine Zeugnisse, Qualifikationen und so weiter; eigentlich wollten die Schweden viel lieber wissen, was er in seiner Freizeit mache, welche Hobbys er habe, ob er irgendwo Vereinsmitglied sei, wie die Familie hier zurechtkäme und wie es mit dem Sprachunterricht denn so klappe. Ganz besonders neugierig waren sie darauf, warum die Müllers eigentlich nach Schweden übergesiedelt sind. Aber da hatte Herr Müller ja jede Menge gute Gründe parat – was ihnen zu gefallen schien!

Nun ist also der erste Tag, Herr Müller hat sich in Schale geworfen und ist sehr pünktlich, überpünktlich. Um acht Uhr geht's los hier, jetzt ist es Viertel vor acht, aber niemand außer dem Pförtner ist zu sehen. Er winkt Herrn Müller durch, und der geht schon mal ins Großraumbüro an seinen Schreibtisch, kann ja nicht schaden, die Akten noch mal durchzusehen, die ihm der Vertriebsleiter gestern gezeigt hat. Schließlich soll er über kurz oder lang dessen Posten übernehmen, denn Anders will – Zufälle gibt's im Leben – zur Muttergesellschaft nach Deutschland überwechseln. Schnell sieht er eine Akte nach der anderen durch, und als die ersten Kollegen nach und nach eintreffen, ist er bereits recht gut informiert.

»*Hej*« ruft ihm einer nach dem anderen freundlich zu. Die Kollegen installieren sich gemütlich an ihren Schreibtischen, stellen ihre Computer an und holen sich erst einmal einen Kaffee, um in Schwung zu kommen. Das will sich Herr Müller nun nicht gleich am ersten Tag leisten und schaut daher weiter die Akten durch, es gibt ja noch viel zu tun! Anders schaut kurz vorbei und fragt, wie es geht, und Herr Müller antwortet: »*Tack, jättebra!*«[*]

Kaum sind um 9.30 Uhr eineinhalb Stunden vergangen, lassen alle Kollegen die Griffel fallen und eilen geschlossen zum *fikarum*, wo schon Platten mit fertig belegten Brötchen und ein paar Kaffeekannen auf sie warten. Herr Müller hat noch keine Lust, schon wieder mit der Arbeit aufzuhören und vertieft sich lieber weiterhin in seine Mappen – er will ja so schnell wie möglich in die Materie einsteigen. Aus dem *fika-rum* ertönt derweil lustiges Geplauder und fröhliches Gelächter. Nach einer halben Stunde ist die Pause vorbei und alle gehen wieder an die Arbeit. Herrn Müller fällt auf, dass der Takt hier offenbar ganz gemütlich ist, niemand wirkt gestresst, und auch die Telefonate werden in einer Gemütsruhe geführt, die er von Deutschland gar nicht kennt. Einige surfen auch seelenruhig im Internet oder schicken SMS an Gott-weiß-wen. Ab und zu lächelt er einem Kollegen oder einer Kollegin

[*] Danke, sehr gut!

zu, aber sein Lächeln bleibt unbeantwortet – entweder merken die das nicht – oder vielleicht mögen sie ihn nicht?

Zwei Stunden später ist schon wieder Pause, Mittagspause diesmal, und die Kollegen verschwinden einer nach dem andern in die gleiche Richtung. Niemand fragt ihn, niemand fordert ihn auf, also geht Herr Müller raus, in ein Restaurant, das er auf dem Weg zur Arbeit gesehen hat. Dort gibt es *Dagens rätt* (Tagesgerichte), aber natürlich erst, nachdem er sich durch die unglaublich lange Schlange gekämpft hat. Er ist schließlich an der Reihe, stillt schnell seinen Hunger und geht wieder zurück ins Büro.

Später ist ein *möte* anberaumt, eine Besprechung, auf die er sich zuhause schon gut vorbereitet hat. Nach ein paar Begrüßungsfloskeln stellt Anders den Neuen, Herrn Müller, vor und bittet diesen danach freundlich, selbst ein paar Worte zu sagen. Herr Müller räuspert sich und legt volltönend los, sodass auch der Kollege ganz hinten auf jeden Fall mitbekommt, was er zu sagen hat. Er erzählt in seinem besten Schwedisch über seinen beruflichen Hintergrund, seine vorherige Position und den großen Verantwortungsbereich, den er dort innehatte, fügt hinzu, dass er für 2.000 Vertriebsmitarbeiter zuständig war und täglich praktisch rund um die Uhr gearbeitet hat. Die Kollegen sehen ihn völlig ausdruckslos an, was Herrn Müller etwas irritiert. Da aber niemand etwas einwirft, nimmt er an, dass er schon alles richtig macht, und fährt fort, indem er zum Besten gibt, dass er sich auf die Kollegen und vor allem auf die neue Position sehr freue – und seine Familie erst, denn endlich käme er jetzt mal pünktlich nach Hause! Die Mienen der Kollegen bleiben weiterhin ausdruckslos. Erst als er hinzufügt, dass er sich jetzt endlich mal nachmittags um seine zwei Kinder Max und Klara kümmern könnte, huscht ein verständnisvolles Lächeln über die Gesichter etlicher Anwesender, das scheint ihnen zu gefallen.

Nach Ende seiner kleinen Rede übernimmt Anders wieder die Leitung und lenkt das Meeting auf das eigentliche Thema, die neuesten Verkaufszahlen und künftigen Vertriebsstrategien. Das ist gut, Herr Müller hat nämlich sogleich prächtige und sehr konkrete Vorschläge parat, wie man die Verkaufszahlen wesentlich steigern könnte, und legt sie minutiös in aller Breite und Deutlichkeit dar. Das Team schweigt und hört geduldig zu.

Als er fertig ist, kommt allerdings kein anderes Feedback von Anders als: »Jaha, sehr interessant. Nun wollen wir hören, was die anderen über dieses Thema denken. Fällt irgendjemand dazu was ein?«

Herr Müller ist platt! Seine Strategie ist doch so geschliffen und hat vor allem Hand und Fuß, die Zahlen stimmen, die Marktforschung gibt ihm recht und seine langjährige Erfahrung sowieso! Warum nutzen die das nicht? Diese Schweden sind ihm ein Rätsel!

Das Meeting ist beendet, jetzt ist es halb drei, wieder Zeit für eine neue Kaffeepause. Herrn Müller ist das gar nicht recht, es gibt doch so viel zu tun, denn er will sich so schnell wie möglich einarbeiten und kann doch nicht immerzu Pause machen! In die Akten vertieft, bekommt er gar nicht richtig mit, wie die Kollegen wieder geschlossen an ihm vorbeiziehen zum *fikarum*, wo diesmal Hefeteilchen auf sie warten sowie der obligatorische Kaffee. Und auch, als dann um 16 Uhr der

Arbeitstag vorbei ist, die Kollegen die Computer ausstellen, in ihre Jacken schlüpfen und sich schleunigst verabschieden, hängt Herr Müller einfach noch ein Stündchen dran, denn man kann sich ja nicht zu viel vorbereiten... oder?

Von unsozialen Pausenkillern und eingebildeten Strebern

Im Vergleich zum Kapitel »Meetings: Kein Landeplatz für Überflieger« wird in diesem Kapitel eher ein ganz normaler schwedischer Büro-Arbeitstag inklusive unvermeidlichem Meeting dargestellt, die ja in Schweden sehr häufig, gern auch mehrmals täglich stattfinden. In diesem Kapitel leistet sich der nunmehr in Schweden angestellte Herr Müller im Bürozusammenhang viele neue Fehler - und missdeutet jeweils gekonnt das Feedback. Seine im Heimatland erworbene Neigung zu perfekten deutschen Fix- und Fertig-Resultaten macht ihm auch hier wieder das (Arbeits-) Leben unnötig schwer. Wollen wir sehen, was passiert ist:

Da hat sich Herr Müller ja gleich am ersten Arbeitstag jede Menge Schnitzer geleistet – Schnitzer allerdings, die daheim in Deutschland gar keine wären, sondern wohl eher zu Lob Anlass gäben. In Schweden jedoch ist vieles anders. Niemand erscheint zum Beispiel zu früh zur Arbeit (bzw. allenfalls im Rahmen der Gleitzeit), der nicht als Streber gelten will, was in Schweden ein soziales Verdikt ist. Der erste gemeinsame Morgenkaffee mit einem kleinen Schwätzchen ist gängiges Ritual und Herr Müller hätte gut daran getan, sich dazuzugesellen. Gleiches gilt für die beiden Kaffeepausen am Vor-

und am Nachmittag. Diese werden von allen Mitarbeitern gemeinsam zelebriert, in der Regel im eigens dafür vorhandenen Pausen- oder Personalraum. Wer nicht mitmacht, wird sofort als unsozialer Einzelgänger eingestuft, der sich womöglich besser dünkt als die anderen – ein ausgesprochenes Tabu in Schweden! Auch die Mittagspause begeht man fast immer gemeinsam, sofern man nicht Besorgungen machen muss. Allerdings werden neue Kollegen in den wenigsten Fällen zur Teilnahme an der gemeinsamen Pause regelrecht aufgefordert – denn man will sich nicht aufdrängen. Daher empfiehlt es sich, einfach nachzufragen, ob man sich anschließen darf, was ganz sicher bejaht wird. Eine gemeinsame Mittagspause wäre für Herrn Müller auch sicher viel interessanter und vergnüglicher gewesen als sein einsamer Lunch im Restaurant.

Beim Meeting hat er sich dann leider gleich wieder danebenbenommen: Ausgiebige Berichte um die eigene Person, Qualifikation und Wichtigkeit sind der Schweden Sache nicht, um es lapidar zu sagen. Ein paar kurz Sätze, gern auch mit (am besten haarsträubenden) Untertreibungen und Humor gewürzt, wären sicher auf sehr viel mehr Sympathie gestoßen. Und dann diese fix und fertigen Darlegungen von Herrn Müller! Sie machen zum einen sofort klar, dass ihm Teamwork auf schwedische Art offenbar völlig unbekannt ist – und brüskieren zum anderen sogleich sämtliche Meetingteilnehmer, da sie beim Finden der anzustrebenden Lösungen gänzlich außen vor gelassen werden. In einem geschäftlichen Besprechungszusammenhang würde sich jedoch kein Schwede derart aufspielen – und wenn er Nobelpreisträger für Ökonomie wäre! Die freiwilligen Überstunden runden zusätzlich das Bild vom unsozialen eingebildeten Streber ab – das Herr Müller seinen Kollegen heute am ersten Tag leider vermittelt hat. Denn niemand würde freiwillig Überstunden machen, sondern nur auf Anfrage bzw. gesonderten Antrag - und schon gar nicht unbezahlt!

Herr Müller hat also noch viel zu lernen – aber es ist ja noch kein Neu-Schwede vom Himmel gefallen!

Ein Bierchen mit den Kollegen

Von wegen

Es ist Freitagnachmittag, der heutige Arbeitstag ist sehr zufriedenstellend verlaufen – überhaupt war die erste Woche im neuen Job richtig gut! Herr Müller hat große Lust, nach der Arbeit mit den Kollegen heute mal ein Bierchen trinken zu gehen und nimmt sich vor, sie in der gemeinsamen Mittagspause – an der er jetzt immer teilnimmt – einfach mal darauf anzusprechen. Um zwölf Uhr ist es soweit, alle gehen zusammen los, holen sich warmes Essen, Salat und Getränke und nehmen an einem der großen Tische in der Kantine Platz. Als er aufgegessen hat, kommt Herr Müller gleich zur Sache und schlägt den Kollegen fröhlich vor, nach der Arbeit gemeinsam in den Pub an der Ecke zu gehen. Ein bisschen »after work«-Genuss, das haben sie sich doch wirklich alle verdient nach dieser Woche!

Die Kollegen sehen ihn mit großen Augen an, einige husten, andere schauen betreten zu Boden, und einer nach dem anderen gibt an, warum das nun heute gerade nicht geht: Der eine muss seine Kinder vom Kindergarten abholen, der Nächste muss einkaufen gehen, ein anderer bekommt am Wochenende Besuch und muss aufräumen… und so weiter und so fort. Am Ende hat niemand Zeit.

Na gut, denkt sich Herr Müller bedauernd, ist zwar schade, aber dann frag' ich halt nächste Woche noch einmal! In der nächsten Woche das gleiche Spiel: Alle sind beschäftigt und müssen gleich nach der Arbeit nach Hause, Besorgungen machen oder Kinder abholen. Wie oft Herr Müller auch fragt, es klappt einfach nie, an keinem Tag! Ob die ihn wohl nicht mögen? Betrübt gibt er auf und weiß nicht, was er davon halten soll.

Die häuslichen Schweden

Die Kultur des Ausgehens ist in Schweden aus Tradition nicht sehr verbreitet, aus geografischen, klimatischen und finanziellen Gründen. Auf dem Lande sind Kneipen und Restaurants dünn gesät und oftmals weit entfernt, auch kostet es für schwedische Verhältnisse viel, auszugehen, und man gönnt es sich daher selten. Hinzu kommt, dass schwedische Arbeitskollegen selten bis nie etwas miteinander unternehmen, ohne dass das irgendeine negative Bedeutung hätte. Privates Leben und Arbeitsleben werden in Schweden strikt getrennt; das in Deutschland und anderswo so populäre gemeinsame Bierchen, der Longdrink oder das Glas Wein nach der Arbeit sind für Schweden geradezu exotisch – und unter der Woche gar mit einer gewissen Verruchtheit assoziiert, da der arbeitsame, redliche Schwede nur am Wochenende trinkt... (siehe auch Fettnäpfchen A-Z, Thema Alkohol).

Viele Einwanderer machen diese Erfahrung und wundern sich, warum das gute Verhältnis zu den Arbeitskollegen jeden Tag pünktlich gegen 16 Uhr bis zum nächsten Morgen unterbrochen wird. Herr Müller braucht das also nicht persönlich zu nehmen. Auch Schweden untereinander unternehmen nichts mit ihren Arbeitskollegen, eventuelle Ausnahmen bestätigen auch hier gegebenenfalls die Regel. Aufgrund der in Schweden viel weiter vorangeschrittenen Gleichstellung der Frau sind die Männer hierzulande auch weitaus mehr in Haushaltsfragen, Einkaufsaktivitäten und Kinderbetreuung bzw. -abholung eingebunden, sodass tatsächlich direkt nach der Arbeit für anderes keine Zeit zur Verfügung steht. Nur Herr Müller, dessen Frau zur Zeit noch Hausfrau ist, könnte sich nach der Arbeit ein Bierchen im Kollegenkreise leisten. Die Kollegen aber eben nicht.

Empfohlen

Zweitjob als Rasenmäher

Die Müllers sind glücklich und froh über ihren herrlichen neuen Garten mit den großen Wiesenflächen, zahlreichen Obstbüschen und schönen alten Obstbäumen. Gewiss, die Obstbäume müssen beschnitten werden, wenn sie ordentlich tragen sollen, auch die Büsche müssen dann und wann die Gartenschere spüren – aber die Wiese, die soll wachsen, wie sie will! Schon immer hat Frau Müller von einer Blumenwiese wie im Bilderbuch geträumt – und jetzt nennt sie endlich eine ihr Eigen! Herr Müller ist froh darüber, denn zum Rasenmähen hat er keine Lust – und die Kinder schon gar nicht. Wenn sie zuhause sind, liegen sie entweder in der Hängematte, hocken im Baumhaus oder verkriechen sich in ihren geräumigen Zimmern, von denen jedes fast halb groß ist wie ihre frühere Wohnung in Deutschland.

Die Wiese wächst und wächst, die schönsten Blumen sprießen hervor und herrlich leuchtet der bunte Teppich, wenn Müllers morgens im Wintergarten frühstücken. Das Gras ist schon beinah einen halben Meter hoch und sieht, zusammen mit den vielen bunten Blumen, einfach allerliebst und sehr romantisch aus. Als Herr Müller vorsichtig nachfragt, ob man nicht doch einmal mähen solle, erntet er entrüstete Kommentare von allen Seiten: »Verräter! Mörder unserer Blumenwiese! Kommt gar nicht in die Tüte!«

Na gut, er hat es versucht – ab jetzt hält er sich raus.

Die Nachbarn hingegen mähen ihre Rasen und pflegen ihre Gärten mit einer Begeisterung, die an Hingabe grenzt. Wie maniküft sehen ihre Grasflächen aus, die jetzt in der warmen Jahreszeit mindestens ein Mal pro Woche gemäht und getrimmt werden. Allerdings ist ansonsten nie ein Mensch darauf zu sehen. Komisch, denkt Frau Müller, während sie sich im eigenen Garten gemütlich im Liegestuhl rekelt, nutzen die denn ihren Garten gar nicht? Immer nur mähen und nie im Garten sitzen, faulenzen und ausruhen? Das wäre Frau Müllers Sache nicht! Wofür hat man denn schließlich einen Garten? Zufrieden betrachtet sie ihre schon recht ansehnliche Sommerbräune, schlürft ihren Longdrink und vertieft sich wieder in den neuen spannenden Roman von Lisa Marklund, den sie jetzt sogar schon auf Schwedisch lesen kann!

Romantiker – nur ein anderes Wort für Faulpelz...

Die Nachbarn betrachten tatsächlich aufmerksam – und auf die typisch schwedische Art gänzlich unmerklich – was sich bei den neu hinzugezogenen Müllers so tut. Dass diese ihren Rasen nicht mähen, weckt in ihnen jedoch keinerlei Assoziation zu Romantik oder Naturpoesie – sondern bedeutet schlicht und einfach: Ärger. Denn Unkraut macht ja vor Grundstücksgrenzen nicht halt – und während sich die schwedischen Nachbarn nach Kräften bemühen, ihr Grundstück perfekt in Ordnung und unkrautfrei zu halten, beliebt es in ihren Augen den neu hinzugezogenen ausländischen Nachbarn offenbar, romantischen Anwandlungen zu frönen – die in Schweden schlicht und ergreifend als Faulheit gedeutet werden – und den Rasen zum Gräsermeer und Unkrautgestade verkommen zu lassen, dessen Samen weit umherfliegen und den Nachbarn noch mehr Arbeit bereiten, als sie ohnehin schon haben. Selbstverständlich wird man – wie immer – nichts darüber verlauten lassen, seinen Groll für sich behalten bzw. nur im Kreise von Bekannten, Freunden und weiteren Nachbarn über diese faulen Neuzuzügler lästern, die auf diesem Wege mit der Zeit einen fragwürdigen Ruf bekommen, ohne dass sie selbst überhaupt das Geringste davon merken.

Die Tatsache, dass man in Schweden sein Grundstück am Haus oft so hingebungsvoll und penibel pflegt, ohne es offensichtlich jemals zu Entspannung und Genuss zu nutzen, ist wahrlich erstaunlich. Zum einen ist ein perfekt gepflegtes Grundstück (und Haus) für Schweden quasi der Nachweis, dass man ein guter, ordentlicher Mensch ist, um es zugespitzt auszudrücken. Zum anderen finden, wie alles Private, in Schweden auch Entspannung und Faulenzen weitgehend im Hause, unter Ausschluss der Öffentlichkeit, statt. Denn wer im Garten herumlümmelt, arbeitet nicht – und ist daher nach landläufiger schwedischer Meinung faul – und faul sein ist schlecht! Beim Faulsein will man also lieber nicht gesehen werden – und verlegt das gemütliche Nichtstun daher meist ins Haus. Und höchst selten nimmt man – nach außen hin sichtbar – einen Drink auf der Wiese – außer zu offiziellen Anlässen wie z.B. *midsommar*[*], *kräftskiva*[**] oder *surströmmingspremiär*[***].

* Mittsommerfest im Juni
** Krebs-Essen im August
*** Tafelfreuden mit vergorenem Hering im September.

Alkohol im Garten zu trinken – auch wenn es der eigene ist – hat in Schweden leicht den Ruch einer gewissen moralischen Verkommenheit, ganz besonders, wenn es unter der Woche geschieht. Denn da hat man zu arbeiten, nicht zu trinken!

Gefühle: Privatsache!

Ratschläge – What's that?

Frau Müller hat ihre Nachbarin Gunilla zum Kaffee eingeladen, mit der sie sich schon ein paar Mal über den Gartenzaun richtig nett unterhalten hat, wenn auch immer nur kurz. Aber Frau Müller möchte gar zu gern ein wenig mehr Kontakt haben, neue Bekannte oder am besten neue Freundinnen in der Nähe, mit denen sie mal reden und was unternehmen kann! Sie hat ja so viel erlebt in der letzten Zeit, das muss sie sich doch mal von Herzen reden! Und siehe da: Gunilla sagt erfreut zu und kommt auch am vereinbarten Tag, zwar ein bisschen verspätet, aber mit einem hübschen kleinen Gastgeschenk!

Frau Müller führt sie erst einmal rasch durchs Haus, denn ein *husesyn*, also ein Zeigen aller Zimmer des Hauses beim ersten Besuch, ist Usus in Schweden, das hat sie schon gelernt. Dann machen beide es sich in der Küche gemütlich, greifen zu Kuchen und Kaffee und plaudern. Frau Müllers Schwedisch ist mittlerweile schon ziemlich gut, daher gibt's bei der Konversation gar keine größeren Probleme mehr, notfalls geht's ja immer auch mit Englisch! Nach anfänglichem Smalltalk berichtet Frau Müller ausgiebig und im Detail, wie anstrengend der ganze Umzug war und wie viele Tausende Dinge sie zu organisieren und zu erledigen hatte, was die freundlich lächelnde Gunilla sehr gut versteht. Ermutigt von so viel Verständnis, muss Frau Müller jetzt einfach mal ihre Gefühle, Sorgen und Ängste auspacken; dazu hatte sie ja schon lange keine Gelegenheit, so von Frau zu Frau, denn die besten Freundinnen sind ja alle weit fort, zuhause in Deutschland. Sie erzählt Gunilla, wie allein sie sich manchmal fühlt und dass sie sich auch mal mit ihrem Mann streite, der ja den ganzen Tag fort sei und gar nicht verstehe, was das bedeute, den ganzen Tag so ganz einsam im Haus in der Fremde zu sein. Außerdem, dass der ganze Umstellungs-Stress sogar auf ihren Zyklus geschlagen sei, dass sie sich Sorgen mache wegen der Kinder und der ganz anderen schulischen Anforderungen an sie, dass sie gelegentlich Heimweh habe und manchmal nachts weine, wovon sie ihrem Mann aber nichts erzählt…

So plaudert Frau Müller drauflos, von Herzen froh, dass sie sich endlich mal einer Frau anvertrauen kann, denn solche Sorgen verstehen ihrer Ansicht nach Frauen am besten.

Die freundliche Gunilla hört geduldig zu, lächelt, nickt und sagt ab und zu: »*Jaså?*«*, »*Säger du det*«** oder auch »*vad hemsk!*«*** Unermüdlich und höflich lauscht sie Frau Müllers Erzählungen, ohne zu unterbrechen oder auch nur ein einziges Wort über sich selbst fallen zu lassen. Nach einer Weile beginnt sie jedoch, ein ganz klein wenig auf ihrem Stuhl herumzurutschen, was Frau Müller allerdings gänzlich entgeht, die mit ihrer Erzählung gerade im besten Schwange ist. Wie herrlich, wenn man endlich mal jemanden zum Reden hat, da kann man doch auch gleich mal um Rat fragen! Und so rückt

---

* Ach so, wirklich?
** Meinst Du?
*** Wie schrecklich!

sie nach einer Weile etwas näher an Gunilla heran und fragt diese ganz im Vertrauen, was sie denn an ihrer Stelle machen würde, so in puncto Heimweh und überhaupt.

»*Jaha du*«*, antwortet Gunilla, räuspert sich mehrmals, sieht zu Boden und schaut Frau Müller hilflos an, »*det var svårt.*«** Sie rekelt sich unbehaglich auf ihrem Stuhl herum und sagt schließlich freundlich: »*Allt kommer att ordna sig, ska du se!*«*** Ganz plötzlich muss sie nun aufbrechen und gehen, denn sie hat noch so viel zu tun.

Frau Müller findet das sehr schade, jetzt, wo man sich doch grad' etwas näher gekommen ist! Sehr herzlich bittet sie Gunilla, doch jederzeit wieder vorbeizuschauen, denn so ein Gespräch unter Frauen, das tut doch einfach gut!

Ein Monolog ist: kein Gespräch!

Frau Müller freut sich offensichtlich sehr über dieses schöne, wohltuende Gespräch unter Frauen, nachdem sie sich so lange geradezu danach gesehnt hat. Leider ist ihr gar nicht aufgefallen, dass es recht einseitig war und Gunilla eigentlich überhaupt nichts gesagt hat, schon gar nichts Privates. Denn sie hat Gunilla gar nicht zu Wort kommen lassen und ihr höfliches Zuhören zum Anlass genommen, immer noch mehr von sich selbst zu erzählen. Die empfundene Nähe und Offenheit im obigen Beispiel ist also recht einseitig. Gunillas Höflichkeit, Zuhören und ihre gelegentlichen bestätigenden

---

* Tja, Du.
** Das war eine schwierige Frage!
*** Du wirst sehen: Alles wird gut!

kurzen Einwürfe befeuerten Frau Müller, mit ihrem Monolog über die häuslichen Verhältnisse nur immer weiter fortzufahren. Korrekt und freundlich wäre es hingegen gewesen, ebenfalls ein wenig Interesse an der Nachbarin zu zeigen und nicht zu warten, bis diese eventuell das Thema auf sich bringt. Im Gegensatz zu Deutschland und vielen anderen Ländern, wo man gerne selbst das Wort ergreift und über sich erzählt, kann man auf solch ein Verhalten in Schweden lange warten. Dies wird nicht passieren, ohne dass der Gesprächspartner durch Fragen deutliches Interesse signalisiert. Ansonsten hört man diesem einfach höflich zu und unterbricht nicht, auch wenn der lange Redefluss des anderen allmählich so ermüdend und anstrengend wird, dass man – wie Gunilla – beginnt, subtile körpersprachliche Signale auszusenden. Ein schwedischer Gesprächspartner hätte diese natürlich zu deuten gewusst, wie subtil auch immer.

Privates bleibt privat

Wenn Frau Müller ein wenig besser mit den ungeschriebenen sozialen Regeln in Schweden vertraut gewesen wäre, hätte sie auch sicher gewusst, dass man hierzulande derart private Dinge wie Sorgen, Heimweh, Ehestreit und dergleichen ausschließlich Familienmitgliedern oder allenfalls seinen besten Freunden mitteilt. In Gesprächen mit Nachbarn, Bekannten und Arbeitskollegen regiert hingegen der Smalltalk, Persönliches offenbart man in der Regel nicht. Und schon gar nicht fragt man Außenstehende um Rat, wenn es um persönliche Dinge geht – wie herzlich auch immer die Gesprächssituation einem erscheinen mag. Frau Müllers vertrauliche Bitte um einen persönlichen Ratschlag war also eine hoffnungslose Überforderung für die arme Gunilla, der sich diese durch sofortigen Aufbruch geschickt entzog.

Familie ist alles

Wie ebenfalls im Teil »Fettnäpfchen von A-Z, Thema Gefühle« näher ausgeführt wird, behält man in Schweden persönliche Dinge und Gefühle stets für sich bzw. äußert diese nur gegenüber Familienangehörigen oder besten und alten Freunden. Man belästigt aus Tradition keine Außenstehenden mit Problemen, Sorgen, Ängsten und dergleichen. Die Trennlinie zwischen privatem und öffentlichem Leben verläuft in Schweden ungewöhnlich scharf, was viele Einwanderer verwundert und auch oft verunsichert. Zum einen handelt es sich bei dieser Zurückhaltung in persönlichen- und Gefühlsdingen um eine Auswirkung des *jantelagen*, das vorsieht, sich und seine persönlichen Kümmernisse weder wichtig zu nehmen noch zu erwähnen. Zum anderen hat diese Haltung ihren Ursprung in der dünnen Besiedelung des Landes, den harten klimatischen Verhältnissen und vor allem in der Bodenreform des Jahres 1827, die landesweit die traditionellen Dorfstrukturen zerstörte und dazu führte, dass die Familien auf den nunmehr verstreut liegenden Gehöften – jetzt ohne direkte Nachbarn in der Nähe – vor allem auf sich selbst gestellt waren und stets allein zurechtkommen mussten. Dieser Einschnitt hat die sozialen Strukturen Schwedens – jedenfalls auf dem Lande – tief geprägt und seine Spuren hinterlassen: Noch heute hilft man sich vor allem innerhalb der Familie, zieht keine Außenstehenden zu Rate, und belässt alles Persönliche im innersten Kreise. Im Übrigen ist es auch überhaupt ganz unüblich in Schweden, einander Ratschläge zu erteilen, denn hierzulande geht man felsenfest davon aus, dass jeder selbst weiß, was für ihn am besten ist. »*Wie könnte das denn ein anderer besser wissen?* « ist die landläufige schwedische Meinung dazu.

Die Schule

Alles so schön gemütlich hier

Nun leben Müllers schon eine ganze Weile im neuen Land und fühlen sich pudelwohl, alle miteinander. Die Kinder gehen gerne zur Schule, denn die Lehrer und Lehrerinnen sind freundlich und schimpfen nie. Es gibt mittags warmes Essen für alle Schüler und die elende Schlepperei mit den Schulbüchern ist auch vorbei, denn diese können in der Schule bleiben. Max und Klara bekommen jede Menge Unterstützung und auch extra Schwedisch-Unterricht in den ersten Monaten, damit sie den Lektionen auf Schwedisch so bald wie möglich folgen können. Die Ferien sind lang und Hausaufgaben gibt es so gut wie keine. Im Gegenteil, wer zu viel Hausaufgaben macht oder kommende Aufgaben aus den Schulbüchern auf eigene Faust schon im Vorfeld löst, wird von der Lehrerin freundlich ermahnt, das bleiben zu lassen und auf die anderen zu warten. Denn hier sollen alle Schüler in der Klasse gleich weit sein, daher wartet die Lehrerin immer, bis auch der schwächste Schüler begriffen hat, worum es geht. So lange wird der Stoff eben einfach immer wiederholt.

Dies fällt auch Frau Müller nach einer Weile auf. Denn jedes Mal, wenn sie Max fragt, was sie denn gerade in Mathe machen, gibt Max die gleiche Antwort. Und das geht jetzt schon mehrere Monate so. »Ihr könnt doch nicht immer das Gleiche durchnehmen!« sagt Frau Müller.

»Doch«, antwortet Max, »können wir! Denn der Martin Andersson kapiert das ja nicht, und so müssen wir andern alle eben so lange warten, bis er es geschnallt hat. Ganz schön langweilig, immer das Gleiche durchzunehmen!«

Das findet Frau Müller auch – und nicht nur das, sie findet das empörend! Ihr Sohn, der immer gerne Mathe gemacht hat, ihr Max, der sogar ziemlich pfiffig in Mathe ist und zuhause in Deutschland nur Einsen anschleppte – der soll jetzt da sitzen und monatelang das Gleiche (und dazu noch ziemlich Einfache) lernen, nur weil einer aus der Klasse das nicht kapiert? Frau Müller fragt Klara, wie es bei ihr denn aussieht.

»Klasse, Mama!« antwortet Klara, »ich find's richtig gut in der neuen Schule, alles so lässig und gemütlich. Aber eine Sache find' ich total doof: Wir kriegen alle die gleiche Note, egal ob wir uns anstrengen oder gar nix tun! Alle kriegen *godkänd*! Das find' ich superungerecht!«

Frau Müller stehen die Haare zu Berge. Sie beschließt, gleich morgen zur Schule zu gehen. Es muss doch möglich sein, ein vernünftiges Wort mit der Lehrerin zu sprechen! Sie beschließt, zunächst die Mathelehrerin anzurufen, die Harriet heißt und sich sehr über ihren Anruf freut. Gern kann sie am nächsten Tag kommen, Eltern sind jederzeit willkommen!

Am Tag darauf ist Frau Müller in der Schule und wird von Harriet sehr freundlich begrüßt, die ihr gleich zu Beginn versichert, dass beide Kinder, Max und Klara, so tüchtig und so nett seien und schon so gut schwedisch sprächen!

Frau Müller freut sich und ihr wird als Mutter ganz warm ums Herz – trotzdem müssen jetzt die unangenehmen Dinge auf den Tisch! Sie bittet Harriet in sehr ernsthaftem Ton,

Max bitte anspruchsvollere Aufgaben in Mathe zu geben, denn schließlich muss man Kinder nicht nur fördern, sondern auch fordern! Es kann ja nicht angehen, dass monatelang das Gleiche in Mathe gemacht wird, da verlieren die Kinder ja jegliche Lust!

Harriet lächelt und antwortet ihr, dass man in der schwedischen Schule den größten Wert darauf lege, dass alle Schüler mitkommen. Und daher müssten eben die etwas besseren Schüler manchmal ein wenig warten, bis auch die schwächeren Schüler soweit sind – das sei eine Frage der Solidarität. »So machen wir es in Schweden«, sagt sie, »und die besseren Schüler kommen ja sowieso alleine klar, jederzeit! Es sind die schwächeren, die unsere Hilfe brauchen!«

Das findet Frau Müller zwar bis zu einem gewissen Grad nachvollziehbar, aber das kann doch nicht auf Kosten ihrer Kinder gehen! Sie wird nun ein wenig energisch und bittet Harriet freundlich und bestimmt um neue Aufgaben für Max, der sein bisher lebhaftes Interesse an Mathematik langsam aber sicher vollends zu verlieren droht. Sie bohrt auch bei Harriet nach, warum laut Klara eigentlich alle Schüler mehr oder weniger die gleichen Noten bekommen, egal ob sie sich anstrengen oder nicht?

Harriet lächelt erneut freundlich, sieht dabei aber ein wenig betrübt aus, denn Frau Müller scheint das Prinzip dahinter so gar nicht zu verstehen: »*alla ska vara med*«[*]! Harriet versichert ihr daher, dass alles sich ordnen wird und dass es doch das Wichtigste sei, dass die Kinder sich wohlfühlen, fröhlich seien

---

[*] Niemanden außen vor lassen! (wörtlich: alle sollen dabei sein)

und gerne zur Schule gingen. Irritiert und mit dem deutlichen Gefühl, vor eine Wand (wenn auch einer aus Watte) gelaufen zu sein, geht Frau Müller wieder nach Hause und fragt sich besorgt, was das wohl alles für ihre Kinder zu bedeuten haben mag.

Schulische Überraschungen

Wie den Müllers geht es vielen Eltern, die mit ihren Kindern nach Schweden umziehen. Das Erstaunen über die so unterschiedlichen Schulsysteme ist groß – und die Unterschiede sind nicht nur positiver Art (wie viele ausländische Eltern eigentlich ursprünglich angenommen hatten). Zahlreich sind die Klagen ausländischer Eltern (und Schüler) über chronische Unterforderung, undifferenzierte Notengebung und mangelnde Disziplin an schwedischen Schulen. Man sollte sich jedoch vor Augen halten, dass man im Lande des *jantelagen* sofort als Angeber und Besserwisser gilt, wenn man anspruchsvolleren Schulunterricht für seine Kinder fordert – und nicht etwa als verantwortungsbewusste, zukunftsorientierte Eltern, die sich um ihren Nachwuchs sorgen. Weiterhin kommt es nicht selten vor, dass ausländische Schüler, die in der Klasse durch gute Leistungen glänzen, von anderen Kindern deswegen gemobbt werden.

Nun kann man den neu hinzugezogenen Kindern natürlich nicht raten, ihr Licht unter den Scheffel zu stellen – das ist jedoch genau das, was schwedische Kinder seit je verinnerlicht haben: Weder gute Leistungen noch profundes Wissen hängt man jemals an die große Glocke. Selbst der beste aller schwedischen Schüler wird daher sicher zunächst mit »*jag vet inte*«[*] antworten, wenn er etwas gefragt wird... Nach vielen gewundenen Vielleichts und Eventuells kommt dann die Antwort heraus – die er freilich schon von Anfang an wusste. Aber das darf man nicht merken, denn sonst könnte man ihn für eingebildet halten. Noch besser angesehen ist es übrigens in Schweden, dem Fragenden das Gefühl zu vermitteln, dass man überhaupt nur dank seiner Hilfe genau gerade jetzt auf die Antwort gekommen sei. Diese feinfühlige »Bauchpinselei« gehört allerdings schon zur hohen Kunst der schwedischen Kommunikation – und wird von Ausländern in Unkenntnis des Hintergrundes häufig als Dummheit gedeutet, da ihr schwedischer Gesprächspartner sich ja als unwissend ausgibt.

[*] Ich weiß nicht.

Im Verein

Hier könnte man was Tolles machen!

Das neue Haus der Müllers, die rot-weiße alte Schule, liegt im Einzugsbereich eines wunderschönen ehemaligen Kurortes mit weißen Jahrhundertwendevillen, einem Schlosshotel, einem Ballsaal, einem Kurmuseum, einem Caféhaus mit verschnörkeltem Türmchen und zahlreichen allerliebsten gut erhaltenen Gästehäusern für die Kurgäste von einst, die von ihren Ärzten zu Trinkkuren dorthin ordiniert wurden. Seit Langem ist der Kurbetrieb eingestellt, doch der kleine Ort ist immer noch von bezaubernder Schönheit und hat einfach märchenhaftes Flair. Gleich, als sie herkamen, hatten die Müllers sich gedacht: Hier kann man doch was Fantastisches draus machen – es gibt ja so viele Möglichkeiten, dieser Ort ist wie ein schlafendes Dornröschen! Begeistert sagten sie daher sogleich ja, als sie gefragt werden, ob sie Mitglieder im Dorfverein werden möchten. Denn da kann man sicher Leute kennenlernen, vielleicht sogar Freunde finden und vor allem was auf die Beine stellen, freuen sich die Müllers! Außerdem ist es gut für die Integration!

Gesagt, getan – die Müllers sind heute gleich beim erstbesten *möte** mit dabei und bezahlen direkt beim Eintritt ihre

---

* Treffen, Besprechung

*medlemsavgift**. Es gibt Kaffee und selbst gebackene *kanel-bullar*, sogar eine *smörgåstårta*** wird aufgetischt. Alle 12 Mitglieder sitzen entspannt um den Tisch, und die Vorsitzende stellt allen freundlich die beiden Müllers vor. Vor sich haben sie ein Papier mit der Tagesordnung, die 13 Punkte umfasst. Dann berichten Sekretär und Kassenwart sowie einige der mit unterschiedlichen Aufgaben betrauten Mitglieder. Es erfolgt die Neuwahl des Vorsitzenden, des Sekretärs und des Kassenwarts.

Danach sind die wichtigsten Punkte abgehakt, daher ist erst einmal *fikapaus**** – und alle greifen tüchtig zu. Frisch gestärkt wendet man sich danach wieder der Tagesordnung zu.

Den Müllers ist aufgefallen, dass es bis jetzt noch um gar nichts Richtiges ging; es wurden weder Aktivitäten des Vereins noch Pläne noch sonstiges Konkrete erwähnt, sondern nur trockene Kassen- und Verwaltungs-Paragraphen einer nach dem anderen abgearbeitet. Als auch zum letzten Punkt der Tagesordnung, Paragraph 13, der »Sonstiges« bezeichnet, niemand etwas zu sagen hat, sehen die Müllers endlich ihre Chance gekommen und leisten ihren Beitrag: Frohgemut schlagen sie vor, dass man aus dem kleinen Ort doch was machen könne, touristisch zum Beispiel, die vielen schönen Häuser böten sich ja an, dazu das Schlosshotel für Übernachtungen – auch das Café könne man doch wieder betreiben. Außerdem könne man doch Kurkonzerte veranstalten, mit richtig altmodischen Orchestern, das sei doch heute wieder sehr in! Und das süße

---

* Mitgliedsbeitrag
** Wörtlich: Butterbrot-Torte: Geschichtete Torte aus Weißbrot, Mayonnaise, Krabben, Schinken, Käse und mehr.
*** Kaffeepause

Museum sei doch ein richtiger Touristenmagnet! Wie wäre es mit einer Art »Jahrhundertwendetagen«?

Die Müllers sind richtig in Fahrt und bereit, etwas für den Ort zu leisten! Sie haben auch schon ein wenig recherchiert und ein deutsches Partner-Orchester in der nahegelegenen Kreisstadt entdeckt, das sogar ganz umsonst spielen würde, die Orchester-Mitglieder würden nur um etwas zu essen bitten! Die Müllers würden die gesamte Werbung und Kommunikation für die Veranstaltung übernehmen, natürlich gratis! Jetzt müsste nur noch einer für Speisen und Getränke sorgen, ein anderer die Museumsführungen übernehmen, und vielleicht könnte gar einer Pferd und Wagen zur Verfügung stellen?

Die anderen Mitglieder nicken bedächtig mit den Köpfen: »*Jaha, det läter bra!*«[*] – und es entspinnt sich danach allmählich eine lebhafte Diskussion bis zum Ende des Meetings. Die Müllers freuen sich, glauben sie doch, dass ihr Vorschlag auf fruchtbaren Boden gefallen ist.

Wie sich leider herausstellt, haben sie sich zu früh gefreut, denn schon beim nächsten Meeting, zwei Monate später, lässt der eine nach dem anderen hören, dass das alles viel zu anstrengend sei und Kochen zu viel Aufwand, dass man vor allem nicht in finanzielle Vorleistung treten wolle – und überhaupt, es sei ja nicht sicher, dass dann auch Touristen kämen. Und wenn nicht, habe man alles umsonst investiert. Und eigentlich wäre das ja auch Sache der Kommune!

Die Müllers sind platt: Für sie ist es selbstverständlich, dass man zunächst etwas investieren, anbieten und auch riskieren

[*] Aha, das klingt gut!

muss, wenn man Publikum anlocken will. Aber diese Schweden gehen offenbar keinerlei Risiko ein und lassen das Dorf lieber weitere hundert Jahre schlafen, als nur einen Finger zu rühren. Als den Müllers dann noch zu Ohren kommt, dass die gleiche Vereinigung bereits seit 30 Jahren darüber diskutiert, ob man einen gemeinsamen kommunalen Abfluss für das Dorf errichten soll, erlahmt ihr Engagement. Mehr als die Vermittlung eines großen professionellen Gratis-Orchesters und die komplette Übernahme von Werbung und Kommunikation können sie nicht anbieten. Sie könnten freilich auch die gesamte Organisation übernehmen, haben aber schon so viel gelernt: Erstens gelten sie dann in der gesamten Region als Angeber, die hervorstechen wollen – und zum anderen müssen in Schweden immer alle mitmachen.

So schläft das schöne Dornröschendorf eben weiter...

Statt großer Taten – lieber warten!

Die Müllers machen die gleiche Erfahrung wie so viele andere Einwanderer: Nachdem man sich erwartungsvoll einem bestimmten Verein angeschlossen oder auch zu einem Kurs angemeldet hat, stellt man fest, dass dort oft nicht viel mehr passiert als Kaffee trinken und plaudern. Man zahlt seinen Beitrag, kommt zu den Treffen und geht gemeinsam die üblichen Paragraphen durch. Lebhaftes Interesse entsteht, sobald Kaffee und Kuchen aufgetischt werden, auch die Gespräche nehmen dann Fahrt auf. Das könnte man ja auch zuhause haben, mag mancher Einwanderer denken, aber ganz so einfach ist es in Schweden nicht. Die Kontaktaufnahme zu anderen Menschen in der Freizeit geschieht hierzulande vornehmlich durch Teilnahme an Kursen und Mitgliedschaften in Vereinen (wenn man also nicht gerade seine Familie oder alte Freunde trifft). Häufig sind Kurse und Vereinsmitgliedschaften also nichts anderes als ein – legitimer – Vorwand für gesellschaftliches Beisammensein im Land der großen Distanzen und weiten Wege, also schlicht und einfach eine Art Kontaktbörsen. Der direkte (und eigentlich einfachere) Weg zum Nachbarn wird selten begangen, das ist in Schweden nicht üblich. Außer in Tanz-, Sport-, Musik- und Jagdvereinen – wo auch wirklich getanzt, Sport getrieben, musiziert oder gejagt wird – ist der Ablauf daher häufig wie oben beschrieben. Man tut also gut daran, seine Erwartungen herunterzuschrauben und sich vor allem an der Möglichkeit zu erfreuen, durch Teilnahme an Kursen und Mitgliedschaften in Vereinen Kontakt zu Schweden zu bekommen und angenehme Abende in netter Gesellschaft zu verbringen. Weiterhin ist es gut zu wissen, dass die Bereitschaft zu Privatinitiative, Risikofreude und Investitionsbereitschaft nicht eben zu den ausgeprägtesten schwedischen Eigenschaften zählen (im Gegenteil) und man sich daher keine munter angegangenen oder gar umwälzenden Veränderungen erhoffen sollte – auch wenn sie noch so naheliegen und praktisch einfach durchführbar wären.

Allerdings hat man in Schweden nichts dagegen, wenn die aktivitätsdurstigen Einwanderer sich tüchtig für den Ort engagieren – und dabei jedes Risiko auf ihre eigene Kappe nehmen. Ansonsten wartet man einfach ab, bis die Kommune – irgendwann und vielleicht – etwas tut. Man hat ja Zeit, so viel Zeit…

Surströmming

Verrottung im Endstadium – als Tellergericht

An diesem Wochenende will Familie Müller zum ersten Mal den berühmt-berüchtigten *surströmming* probieren, denn der Dorfverein hat alle Mitglieder zur *surströmmingspremiär* geladen. Was hat man nicht schon alles über diesen vergorenen Fisch gehört: Wie eine Kloake soll er stinken, Menschen seien von seinem Geruch in Ohnmacht gefallen, und schwedischen Mietern in Deutschland sei glatt die Wohnung gekündigt worden, nachdem sie eine Dose Fisch geöffnet hatten!

»So schlimm kann das doch gar nicht sein«, meint Frau Müller, »die Schweden haben den *surströmming* bis jetzt doch auch ganz gut überlebt, sehen doch alle ganz gesund aus!«

Herr Müller räuspert sich und will dazu lieber nichts sagen, bevor er nicht probiert hat.

Ihre Kinder Max und Klara ekeln sich bereits im Vorfeld tüchtig und überbieten einander lustvoll und mit lebhafter Fantasie mit immer neuen Gruselgeschichten über Menschen, denen der *surströmming* schon den Garaus gemacht hat! Auch könnte man doch mal ein schönes *surströmming*-Paket an den alten Vermieter in Deutschland schicken, der sie seinerzeit immer so bösartig malträtiert und ihnen das Spielen überall verboten hat! »Der wird sich freuen, der alte Stinker!« sagt Max, »da kriegt er mal, was er verdient!« Begeistert über diese glänzenden Aussichten toben Klara und Max schon mal voraus zum langen Tisch, den einige Mitglieder des Vereins bereits gedeckt und liebevoll mit Blumen und kleinen blaugelben Fahnen dekoriert haben.

Dort stehen zwischen all den weißen Tellern und schönen alten Schnapsgläsern hübsche Porzellanschalen mit *mandelpotatis**, kleine Schälchen mit frisch gehackten roten Zwiebeln, ein beachtlicher Turm aus großen runden Knäckebrotscheiben, ordentlich gestapeltes *tunnbröd***, ein Klumpen Butter mit Holzmesser drin und mehrere Becher mit *gräddfil****. Und nicht zu vergessen: einige gut gekühlte Flaschen mit klarem Schnaps! Denn die gehören dazu, wie auch das Bier für diejenigen unter den Gästen, die starke Schnäpse nicht mögen. Dazu Limonade und Fleischklößchen für die Kinder, denn die wollen erfahrungsgemäß von *surströmming* nichts wissen.

Nun geht es auch schon los, fast alle Mitglieder versammeln sich am Tisch, und ein weiteres Mitglied naht aus der Ferne, mit dem am Waldrand geöffneten, gewässerten und servierbereit gemachten *surströmming* – dessen unbeschreiblicher »Duft« ihm weit vorausweht und alle Umsitzenden sofort gleichmäßig in eine Wolke infernalischen Gestanks einhüllt – ein Gestank, für den Frau Müller keine Worte findet, so unvorstellbar grässlich und ekelhaft ist er. Eine Kloake ist ja das reinste Rosenbeet dagegen!

Benommen und nach Luft japsend, will sie vom Tisch aufspringen und fort, nur fort von hier, doch Herr Müller fasst

---

* Mandelkartoffeln, eine (köstliche) nordschwedische Kartoffelsorte
** Dünnes weißes weiches Fladenbrot
*** Die schwedische Version von saurer Sahne

sie am Arm, zieht sie sachte, doch mit Nachdruck zurück und flüstert ihr ins Ohr: »Das geht nicht, Petra, wir sind doch eingeladen, wir müssen zumindest mal probieren, alles andere wäre sehr unhöflich, du kannst doch jetzt nicht einfach weglaufen!« Wobei Herr Müller sich selbst zwingen muss, sitzen zu bleiben, denn der Magen dreht sich ihm um, dieser unglaubliche Gestank übertrifft alles bisher Gerochene! Wie kann man nur etwas essen, was derart stinkt? Man hatte ihm versichert, dass der *surströmming* beileibe nicht so schmecke, wie er rieche (nämlich nach konzentrierten Exkrementen), sondern lecker – eine richtige Köstlichkeit eben. Unvorstellbar! Während die Kinder schon längst über alle Berge sind, Klaus und Petra Müller diskret und mit der Faszination des Grusels, wie ein Schwede nach dem anderen sich Scheiben von *mandelpotatis,* gehackte Zwiebeln und zum Schluss ein paar *surströmmings*-Filets auf das gebutterte *tunnbröd* oder *knäckebröd* packt, um dann mit Genuss hineinzubeißen und das Ganze mit einem tüchtigen Schluck Schnaps herunterzuspülen.

Danach wird ein Schnapslied angestimmt, nein nicht eines, viele! Allen scheint es ganz prächtig zu schmecken, niemand schnappt nach Luft oder erbricht sich, wie es anlässlich des Gestanks eigentlich angebracht wäre, denkt Herr Müller – und fragt sich zunehmend besorgt, wie sie bloß aus dieser Situation ungeschoren herauskommen sollen, ohne die Gastgeber zu beleidigen? Die Gesichtsfarbe seiner Frau wechselt allmählich ins Kalkweiße und Herr Müller fühlt ganz deutlich, dass er selbst schon ganz grün im Gesicht ist. Was soll er nur tun, wenn ihm jetzt jemand so eine Stinkschnitte reicht?

Er trinkt erst mal einen Schnaps, für den Magen und überhaupt. Dann nimmt er schließlich seinen Mut zusammen und fragt leise Vereinsmitglied Håkan zur Rechten, wie man das eigentlich zuwege bringe, den *surströmming* zu essen? Ob denn Schweden gar nicht fänden, dass der Fisch ziemlich stark röche?

»Training!« lacht Håkan, der wie viele Schweden etwas Deutsch kann »jahrelange harte Training! *Surströmming* ist nicht für die Feiglingen! Aber Ihr musst die nicht essen, wir wissen, dass die Ausländer dann umfallt! Eine deutse Sahnarzt su Besuch ist schon von die Balkon gesprungt, als wir die *surströmming* ssuhause geöffnet habe! So wir verstehen gut. Nehmen die *köttbullar* an Stelle!«

Die Müllers sind so froh und erleichtert, dass sie geradezu tanzen könnten! Zwar hat ihnen dieser fürchterliche Fischgestank auch den Appetit auf alles andere genommen und die Fleischklößchen lassen sie daher ebenfalls stehen – aber dieses wunderbare Gefühl, dem sicheren Tod durch einfaches Herunterschlucken von verwestem Fisch noch einmal entgangen zu sein – das ist Glück, einfaches, wahres, pures Glück!

Härtetest für Nichtschweden: *surströmming*

Am *surströmming* scheiden sich auch in Schweden die Geister: Die einen lieben ihn, die anderen finden ihn einfach grauenhaft. Je nördlicher man in Schweden kommt, desto mehr Liebhaber des *surströmming* wird man finden, denn von dort kommt er ja her. Zwischen Gävle und Kalix wird er produziert, doch der bekannteste und in seiner rotgoldenen Dose am leichtesten erkennbare *surströmming* ist jener von der Halbinsel Ulvön in Ångermanland.

Schweden ist es natürlich vollkommen klar, dass ihr *surströmming* stinkt und seit jeher auch im Land selbst eine stark polarisierende Speise ist; daher erwarten sie keineswegs, dass nun ausgerechnet ein ausländischer Gast oder Einwanderer sich freudestrahlend und mit großem Appetit auf diese übel riechenden, vergorenen Filets stürzt. Niemand wünscht sich Ohnmachtsanfälle oder brechreizgeplagte Mitmenschen bei Tisch – daher ist es völlig legitim, den »Genuss« von *surströmming* oder auch die Einladung zu einem *surströmmings*-Essen von vornherein abzulehnen.

Teil 3

Fettnäpfchen von A-Z

Abschied nehmen

Das Abschiednehmen fällt in Schweden kurz und schmerzlos aus, keine langen Reden, keine Ergriffenheit und schon gar keine Tränen. Man sagt einfach kurz: »*hej då*« – und das war's. Das bei Kontinentaleuropäern häufig so übliche, lange verbale Abschiednehmen ohne Loslassen-Können ist in Schweden gänzlich unbekannt, sorgt eher für Verwunderung und wirft die Frage auf: »Wollten die nicht gehen, sagten sie? Warum erzählen die dann immer noch weiter?« Man versteht sich also nicht auf den Unterschied zwischen Botschaft (ich gehe) und Verhalten (ich rede trotzdem noch ziemlich lange weiter – und kann mich einfach nicht trennen). In Schweden geht man hingegen jederzeit, sobald es einem einfällt (außer natürlich bei Meetings und dergleichen), sagt einfach »*hej då*«, und schon ist man weg, meist ganz ohne große Erklärungen. Es wird einem daher keineswegs verübelt, wenn man es als ausländischer Besucher genauso macht. Nur das Gegenteil (siehe oben) bringt Schweden zum Grübeln.

Aggression

Der Ausdruck von Aggression kommt in Schweden praktisch nicht vor, oder wenn, dann so dezent, dass er Ausländern eigentlich so gut wie immer entgeht. Aggression ist in jeder Beziehung tabu und wird öffentlich in Schweden eigentlich nur im Rausch – sowohl verbal als auch gelegentlich handgreiflich – ausgedrückt. Ansonsten gilt für Aggression das gleiche wie für andere Gefühle: Ihr Ausdruck ist in Schweden ausschließlich dem heimischen Umfeld vorbehalten. Wut, Trauer,

Liebe, Angst, Freude und was der Gefühle mehr sind, werden nur gegenüber den nächsten Angehörigen und eventuell auch in Anwesenheit der besten Freunde ausgedrückt. Daher ist es überaus unpopulär, wenn z.B. Besucher oder Einwanderer in Schweden sich zornig ereifern, gar schreien, sich wütend zeigen – oder auch nur so erscheinen. Auf viele Schweden wirkt z.B. auch schon lautes Sprechen, Gestikulieren und zu große Nähe bedrohlich aggressiv und löst Fluchtreflexe aus. In Schweden gilt es demgegenüber, in der Öffentlichkeit immer Ruhe und Gleichmut zu bewahren, komme, was da wolle. Eventuelle Meinungsverschiedenheiten mit anderen werden – in den Augen ausländischer Besucher – stets sachlich, vernünftig und beherrscht ausgetragen. Wut behält man für sich und schluckt sie unter allen Umständen lieber herunter, wie zornig man auch ist. Wer sich in der Öffentlichkeit wütend, zornig oder aggressiv zeigt, »gör bort sig« – blamiert sich also – was man in Schweden unter allen Umständen vermeiden will.

Alkohol

Das Thema Alkohol sollte man im Gespräch von sich aus lieber nicht – oder wenn, dann nur humorvoll – streifen. Viele Schweden haben ein schwieriges Verhältnis zum Alkohol; er ist einerseits unverzichtbar für den allseits beliebten Wochenendrausch, andererseits ist der Genuss alkoholischer Getränke für Schweden häufig mit Schuldgefühlen verknüpft. Das hat geschichtliche Gründe: Noch zu Anfang des 19. Jahrhunderts trank der Durchschnittsschwede ca. 45 l reinen Alkohol pro Jahr, und vielen Arbeitern wurde ihr Lohn in Schnaps ausbezahlt. Die um sich greifende, allgegenwärtige Volltrunkenheit führte im 19. Jahrhundert zur Gründung der schnell erstarkenden »*nykterhetsrörelse*« (Nüchternheitsbewegung); das Alkoholtrinken wurde fortan mit Haltlosigkeit, Verantwortungslosigkeit und allgemeiner moralischer Verkommenheit assoziiert, und die Zuteilung von Alkohol zum Wohle der Volksgesundheit lange Zeit staatlich rationiert. Bis zur Mitte der siebziger Jahre des 20. Jahrhunderts wurden (unter anderem) Alkoholiker in Schweden zwangssterilisiert, da man ihnen aufgrund »asozialer Lebensweise« die Befähigung zur Kindererziehung absprach. Auch wenn heute im *Systembolaget* alle erdenklichen Mengen und Sorten Alkohol für Bürger ab 20 erhältlich sind – so sind die harschen moralischen Urteile von einst von den meisten Schweden noch immer tief verinnerlicht. Die Erinnerung an die einstige staatliche Gängelung sitzt noch immer fest in den Köpfen – was einen entspannten Umgang mit Alkohol erschwert. Ein Schwede, der unter der Woche – und nicht, wie üblich, am Wochenende – Alkohol trinkt, rechtfertigt in der Regel noch heute sein Verhalten, wenn meist auch in scherzhaftem Ton.

Auf der anderen Seite ist aber der Alkoholgenuss für die meisten Schweden die einzige sozial akzeptierte Möglichkeit, sich einmal gehen zu lassen. Für Ausfälle und seltsame Handlungen, die man im Rausch begeht, ist dann gleichsam nur der Alkohol verantwortlich und nicht man selbst. Sehr praktisch! Der Alkohol ist also für die allseits beherrschten und ruhigen Schweden sozusagen das einzige Ventil, um mal Dampf abzulassen, wilde Reden zu halten oder auf andere Weise aus sich herauszugehen. Im Alkoholrausch begangene »Dumm-

heiten« werden von allen mehr oder weniger freundlich belä-
chelt, toleriert und verziehen. Aufgrund der genannten obigen Fakten ist daher vielleicht eine gewisse Gespaltenheit im
schwedischen Umgang mit dem Alkohol nachvollziehbar.

Allemansrätten

Es gibt wohl keine Verfehlung ausländischer Besucher,
die von Schweden so einhellig und bitterlich beklagt wird
wie das Überstrapazieren des *allemansrätten* (Jedermannsrecht), wenngleich diese Kritik den Verursachern der
Beschwerden – typisch schwedisch – niemals zu Ohren
kommt. Unbekümmert öffnen viele Touristen daher weiterhin Gatter, ohne diese wieder zu schließen, brechen
Feuerholz von Büschen und Bäumen, entzünden Feuer
in Wäldern, auf Privatgrundstücken und Felsen, fischen
ohne Angelkarte, »leihen« sich unangebundene Boote aus,
pflücken geschützte Gewächse, nehmen Vogeleier mit,
fahren auch gern frohgemut mit dem Auto in ausgewie-
sene Privatwege hinein und kampieren dann länger als
eine Nacht auf Privatgrundstücken, mitunter gar in Sichtweite des darauf befindlichen Hauses, häufig ohne zu fragen und nicht selten unter Hinterlassung von Müll. All
diese Dinge – und einige mehr – sind nicht gestattet. Man
sollte sich von daher vor Einreise nach Schweden unbedingt mit den geltenden Bestimmungen des *allemansrätten*
vertraut machen![*] Das *allemansrätten* ist eine großartige

[*] Informationen über das *allemansrätten*: www.naturvardsverket.se (auch
auf deutsch)

Errungenschaft und hat seit Jahrhunderten prächtig funktioniert – daher wäre es jammerschade, wenn künftig auch Schweden mangels Einsicht und Rücksicht der Besucher mit Verbotsschildern gepflastert werden müsste.

Allergiker

Im schönen, vergleichsweise reinen, an Natur so reichen Schweden wimmelt es von Allergikern aller Art. Ob Laktose, Tierhaare, Gluten, Parfüm, Ei, Nüsse – nahezu jeder ist gegen irgendetwas allergisch. Wenn Sie daher Schweden zu sich nach Hause einladen – erkundigen Sie sich vorher nach eventuellen Allergien und Nahrungsmittelintoleranzen – damit Sie womöglich nicht auf einem ganzen Berg Speisen sitzenbleiben oder Hund und Katze Ihrem schwedischen Gast den Besuch bei Ihnen unmöglich machen. Wenn Sie öffentliche Verkehrsmittel benutzen oder öffentliche Einrichtungen wie z.B. Museen, Theater oder Kinos besuchen, ist Zurückhaltung bei der Parfümierung zu empfehlen, dies gilt auch für Restaurants und Cafés. Überhaupt schätzt man in ganz Schweden das Unparfümierte, Natürliche – parfümierte Zeitgenossen geraten schnell in den Verdacht, sich hervorheben zu wollen.

Angeben, Auffallen und Ansprüche stellen

Im Lande des *jantelagen* (siehe *jantelagen*) ist es absolut tabu, mit Hab und Gut, dem eigenen Status oder Titeln zu protzen. Angeben in jeder Form ruft allenfalls Verachtung – und keineswegs Bewunderung – hervor. Nicht auffallen und sein wie alle – das ist die landesweit gelebte Alltagsdevise.

Aus dem gleichen Grunde stellt man niemals irgendwo Ansprüche, sondern bescheidet sich damit, genau so viel oder so wenig zu bekommen wie alle anderen bzw. auf alles zu warten. Understatement und *jantelagen* bilden den Grundakkord der schwedischen Lebensart. Erzählen Sie daher nicht von Ihrem tollen Haus, Ihrem dicken Auto, Ihrem einträglichen Job oder Ihrem Doktortitel – je bescheidener Sie auftreten, desto eher fliegen Ihnen die Sympathien zu!

Anmerkung: In gewissen Teilen Schwedens – bevorzugt in den wenigen Großstädten – gibt man durchaus mit Statussymbolen, Prestige und finanziellem Leistungsvermögen an, dieses jedoch auf unvergleichlich diskrete Art, so diskret, dass man als Ausländer die geheimen »Angeber-Codes« oft erst nach Jahren zu deuten versteht.

Ein weiterer und sehr verbreiteter Effekt des nach außen hin sichtbaren Begütertseins ist übrigens der wahrlich berüchtigte »königlich schwedische Neid« – denn in einem Land, wo eigentlich alle gleich sein und gleich viel haben sollen, ist ausgeprägter Neid die unumgängliche Reaktion auf begütertere Zeitgenossen, die sich mehr oder bessere Häuser/Autos/Traktoren, Schulen/Kleider usw. leisten können.

Arbeitsplatz

Falls es Sie während Ihres Aufenthalts in Schweden an einen schwedischen Arbeitsplatz verschlägt, sei es, weil im Urlaub

– wie im Fall von Herrn Müller – ein Meeting anfällt, Sie im Rahmen eines zeitweiligen Austauschs oder ständig dort tätig werden, gilt als erste Grundregel: Bescheidenheit ist eine Zier! Treten Sie zurückhaltend auf, prahlen Sie nicht mit Kenntnissen, Qualifikationen und Ihrem möglicherweise hohen Jobstatus. Schneller können Sie sich am Arbeitsplatz (und eigentlich überall in Schweden) kaum unbeliebt machen. Versuchen Sie nicht, z.B. mit deutscher Tüchtigkeit und Schnelligkeit, Eindruck zu schinden – das wird in der Regel eher nachteilig ausgelegt, da man davon ausgeht, dass der sich so ins Zeug Legende nur auf sich aufmerksam machen bzw. sich hervorheben – und so die Kollegen überrunden – möchte, was diese durchaus nicht freut und im Zweifelsfalle (stillschweigend) geschlossen gegen einen einnimmt. Aus diesem Grunde ist es zu empfehlen, sich an das Arbeitstempo der Kollegen anzupassen und in jedem Falle auch die regelmäßigen Pausen gemeinsam mit ihnen zu verbringen, da man sonst als unsozialer Einzelgänger betrachtet wird, der sich besser dünkt als die anderen. Freiwillige – und gar unbezahlte – Überstunden sollten ebenfalls vermieden werden; diese sind in Schweden in der Regel nicht üblich und rufen allenfalls den Eindruck von Strebertum hervor – was einem hierzulande keine Freunde verschafft.

Man mag sich fragen, wie man denn eigentlich in Schweden Karriere machen kann, wenn man – neben der eigenen Qualifikation – nicht auf die klassischen Mittel (Selbstdarstellung, Überrunden der Kollegen, größtmögliche Schnelligkeit und Effizienz, unbezahlte Überstunden und dergleichen) zurückgreifen kann, da diese ja in Schweden gar nicht gut angesehen sind. Dazu ist zu sagen, dass – wie meist auch schon bei der Einstellung – in diesem Bereich Kontakte, Beziehungen und Netzwerke ebenfalls alles sind. In Schweden macht man es zum Beispiel so, dass Kollegen sich vor einem Meeting mit dem Chef/der Chefin untereinander absprechen und diskret vereinbaren, während des Meetings gegenseitig ihre Projekte und ihren Arbeitseinsatz zu loben, um anschließend davon Karrierevorteile zu haben. (Denn jede Form von Eigenlob ist ja in Schweden tabu.) Oder man bittet einflussreiche Mitarbeiter, im nächsten Meeting ein gutes Wort für einen einzulegen. Beziehungen und »Netzwerke« sind in Schweden alles, auch und besonders im Beruf.

Ein weiteres besonderes Plus ist es, sich gegenüber dem Chef/der Chefin stets als prestigelos, sehr flexibel einsetzbar und äußerst eigenmotiviert arbeitend (*självgående*), also ohne Bedürfnis nach besonderer äußerer Anleitung, darzustellen – denn das sind die meist gewünschten Eigenschaften bei Angestellten in Schweden. Ist man darüber hinaus allen gegenüber hilfsbereit, bescheiden und stets freundlich, steht einem Aufstieg nicht mehr viel im Wege. Gute Qualifikationen sollte und muss man natürlich auch haben; werden diese jedoch nicht mit Hilfe oben genannter Verhaltensweisen vermittelt, führt auch noch so viel Qualifikation in Schweden oft nicht weiter. Und wie in vielen anderen Ländern, ist es erfahrungsgemäß auch in Schweden hilfreich, dem Chef beizupflichten und ihm häufig positives Feedback zu geben – hierzulande allerdings auf vergleichsweise diskrete Art. Im Übrigen ist hinzuzufügen, dass man eigene Tüchtigkeit in Schweden praktisch ausschließlich durch die Ergebnisse seiner Arbeit unter Beweis stellt (die man dann bescheiden vermittelt) – und nicht durch tüchtiges Reden über die eigene Vortrefflichkeit.

Arzt- und Krankenhausbesuche

Falls es für Sie in Schweden erforderlich sein sollte, eine *vårdcentral* (medizinisches Versorgungszentrum) oder ein Krankenhaus (*sjukhus*) aufzusuchen: Wappnen Sie sich mit Geduld, Bescheidenheit und gegebenenfalls einem wohlgefüllten Proviantkorb! Die Wartezeiten im schwedischen Gesundheitssystem sind lang; es ist zwecklos, sie beschleunigen zu wollen, auch wenn aufgebrachte Touristen es hin und wieder durch lautstarke Beschwerden und einen donnernden »Auftritt« versuchen. Für zivilisiertere Zeitgenossen gilt: Geben Sie Ihre Personalien an, nehmen Sie im Wartezimmer Platz und warten Sie geduldig, bis Sie an der Reihe sind. Akutfällen bleibt abends und am Wochenende nur die Fahrt ins nächste Krankenhaus (das weit entfernt sein kann). Beim Besuch der Notaufnahme des Krankenhauses sollten Sie sich sicherheitshalber auf einen Aufenthalt von 8-12 Stunden Dauer einstellen... und ausreichend Proviant mitnehmen.

Begegnung

Zu den vielen ungeschriebenen Regeln in Schweden gehört auch, dass man bei einer Begegnung oder einem – zufälligen oder verabredeten – Treffen in der Regel so tut, als ob man den anderen gar nicht sehe, während dieser sich (z.B. anlässlich einer Verabredung) vollkommen offensichtlich nähert. Man schaut also weg und »entdeckt« den anderen dann erst in letzter Sekunde. Zum guten Ton gehört es dabei auch, den sich Nähernden auf keinen Fall erwartungsvoll anzusehen.

Besserwisser

Das deutsche Wort »Besserwisser« ist unverändert in den schwedischen Sprachgebrauch eingegangen und bezeichnet auch hierzulande den (unsympathischen) Mitmenschen, der alles (besser) weiß. Alles ganz genau und womöglich besser zu wissen, ist einer der schnellsten Wege, sich in Schweden unbeliebt zu machen. Daher: Halten Sie sich zurück, auch wenn Ihnen schnelle Antworten, Lösungen, Einsichten in glasklare Zusammenhänge und Verbesserungsvorschläge geradezu auf der Zunge liegen! Denn in Schweden gehört es überall zum guten Ton, sich eigentlich immer zunächst als unwissend darzustellen, auch und gerade, wenn man seine Kenntnisse – und seien sie auch noch so exzellent – vermitteln möchte. Man leitet daher alle diesbezüglichen Aussagen zunächst mit Phrasen wie *»jag vet inte«* (»ich weiß nicht«) oder *»jag tror att«* (»ich glaube, dass«) oder *»kan det vara så att«* (»kann es sein, dass«) ein. So vermeidet man nicht nur den Eindruck von Überheblichkeit und Besserwisserei, sondern kann dann auch nicht zur Verantwortung gezogen bzw. kritisiert werden, sollte sich die Aussage im Nachhinein als falsch erweisen. Auch gibt man durch diese Art der Formulierung dem Gesprächspartner die Möglichkeit, das Seinige beizutragen und so gemeinsam – sozusagen im Team – zum Verständnis eines Sachverhalts zu gelangen. Es entsteht also eine *win-win*-Situation, von der beide Gesprächspartner profitieren und in der keiner sich unterlegen fühlen muss (oder überlegen fühlen darf). Wenn man als Ausländer sein Wissen und seine Erfahrung »schwedengerecht« vermitteln möchte, tut man also gut daran, diese ebenso zurückhaltend – und nicht im Brustton der Überzeugung – darzustellen, um nicht sogleich (und wie immer unausgesprochen) als selbstherrlicher Besserwisser eingestuft zu werden, der sich für klüger hält als die anderen und von keinerlei Selbstzweifel geplagt ist

Besuche bei Schweden

Wenn Sie bei Schweden zu Besuch eingeladen sind, bedarf es weder übertrieben feiner Aufmachung noch großartiger Gastgeschenke. Ganz normale Alltagskleidung genügt, und für Gastgeschenke gilt die Faustregel, dass sie nicht mehr als 100 Kronen kosten sollten (um den Gastgeber nicht zu beschämen und ihn in Zugzwang zu bringen). Man sollte unter keinen Umständen vor der angesetzten Uhrzeit eintreffen, aber gern pünktlich (mit bis zu 15 Minuten Marginale nach oben, falls es sich nicht um eine Einladung zum Essen handelt). Beim Eintreten zieht man die Schuhe aus und lässt sich vom Gastgeber ins Haus geleiten. Sind weitere Gäste anwesend, begrüßt man diese, bevor man Platz nimmt oder zu Getränken greift. Getränke und Speisen sollten nicht ohne vorherige Aufforderung genommen werden (falls Ihr Gastgeber nichts anderes mitgeteilt hat). Auch sollte man nicht zu viel nehmen, sondern stets darauf achten, dass für die anderen Anwesenden genug von allem übrig bleibt.

Loben Sie gern die angebotenen Speisen und Getränke – Ihr Gastgeber wird sich freuen!

Falls Sie irgendetwas nicht mögen, verschweigen Sie dieses nach Möglichkeit und weichen diskret auf andere Speisen aus. Für Nahrungsmittelallergien jedweder Art wird Ihr Gastgeber jedoch Verständnis haben, denn diese sind in Schweden sehr verbreitet. Diskussionen über Politik, Alkohol, Weltanschauungen, Religion und dergleichen sind nicht angebracht; fröhlicher Smalltalk passt besser zum Anlass und wird auch erwartet. Monologe sowie das Unterbrechen anderer sollte man unter allen Umständen vermeiden, im Zweifelsfall ist Zuhören immer richtig.

Wurde Ihnen der Ehrenplatz links neben der Gastgeberin zugeteilt, erwartet man von Ihnen zum Abschluss des Mahls eine kleine Rede, in der Sie im Namen aller Anwesenden für die Einladung und das vorzügliche Essen danken. Sie können diese Rede ruhig in einer kunterbunten Mischung aus Deutsch, Schwedisch und Englisch halten – ganz entsprechend Ihren sprachlichen Möglichkeiten – Ihre Gastgeber werden sich in jedem Fall freuen!

Private Einladungen zum Essen sind in Schweden meist auf einen Zeitraum von zwei bis maximal vier Stunden ausgelegt, bleiben Sie also nicht zu lange, nach dem Kaffee ist ein passender Zeitpunkt zum Aufbruch. Vergessen Sie nicht, sich ein paar Tage später beim Gastgeber für die Einladung zu bedanken, gern auch schriftlich mit einem kleinen »*Tack för senast*«[*]-Kärtchen.

---

[*] Danke für neulich!

Unangemeldete Besuche bei Schweden (Ausnahme: Nord-schweden) sollten Sie unter allen Umständen vermeiden, denn diese sind für die meisten Schweden der größte anzunehmende Albtraum! Dieses gilt natürlich nicht, wenn Sie von einem Notfall betroffen sind und um Hilfe bitten möchten.

Besuche von Schweden

Wenn Sie schwedische Gäste zu sich einladen möchten, empfiehlt sich zunächst die rechtzeitige Benachrichtigung. Schweden planen Besuche, Einladungen und Wochenend-Aktivitäten – auch aufgrund der oftmals großen Entfernungen – lange im Voraus, die Wochenenden sind daher häufig schon langfristig verplant. Erkundigen Sie sich unter allen Umständen nach dem Vorliegen eventueller Nahrungsmittel-allergien. Zum einen sind diese in Schweden enorm verbreitet, zum anderen machen Sie durch so viel vorausschauende Rücksichtnahme einen guten Eindruck auf Ihre Gäste – und vor allem ersparen Sie sich die unnötige Zubereitung von Speisen, die Nahrungsmittelallergiker ohnehin nicht essen dürfen. Vermutlich werden Ihre Gäste nicht ganz pünktlich, sondern ein paar Minuten später eintreffen, das jedoch nicht aus Missachtung der angegebenen Zeit, sondern weil sie nicht die Ersten sein möchten (siehe *jantelagen*). Schwedische Gäste lieben es in der Regel »strukturiert« und freuen sich, wenn sie bei Einladungen nicht ganz sich selbst überlassen, sondern vom Gastgeber informiert werden, wie der Ablauf des Abends und die Speisenfolge (falls Essen serviert wird) in etwa sein wird.

Da es in Schweden als unfein gilt, sich große Mengen auf den Teller zu schaufeln, sollten Sie Ihre schwedischen Gäste nicht zum Mehr-Essen nötigen – sei es auch noch so freundlich gemeint – wenn diese nur bescheiden zugreifen. Vermeiden Sie es auch, Ihren schwedischen Gästen Alkohol aufzudrängen, wenn diese mit dem Auto angereist sind. »*Tack, det är bra!*« bedeutet: »Danke, das reicht.« (und nicht etwa: »Danke, gute Idee!«) Alkohol ist ohnehin ein sensibles Thema in Schweden, daher sollte man es seinen schwedischen Gästen überlassen, ein Gespräch darüber anzufangen.

Die auf dem Kontinent so übliche Diskussionskultur bei Tisch sowie der Austausch von Meinungen und Ansichten wird in Schweden kaum praktiziert (siehe *jantelagen*). Viele Schweden fühlen sich daher in die Enge getrieben und empfinden es als unangenehm, wenn nicht gar quälend, nach ihren persönlichen Ansichten, Meinungen oder gar Ratschlägen gefragt zu werden – als verständnisvoller Gastgeber sollte man nach Möglichkeit darauf Rücksicht nehmen. Allgemeine Themen und freundlicher Smalltalk reichen – jedenfalls an schwedischen Tischen – durchaus aus. Wenn Ihre schwedischen Gäste schließlich aufbrechen möchten – nötigen Sie sie nicht zum Längerbleiben. Ausufernde Partys/Einladungen bis in die frühen Morgenstunden sind in Schweden (außer bei jungen Leuten oder an Silvester) ganz unüblich. Freuen Sie sich, dass sie gekommen sind – und sicher werden Sie bald einen Anruf oder ein Kärtchen kriegen: »*Tack för senast!*«[*]

---

[*] Danke für neulich!

Blickkontakt

Viele Ausländer vermissen in Schweden den vom Heimatland gewohnten Blickkontakt und gewinnen den (falschen) Eindruck, dass Schweden sie oder einander niemals anschauen. Das ist jedoch nur bedingt richtig. Eigentlich schaut man in Schweden nur den direkt an, von dem man etwas will oder mit dem man gerade im Gespräch ist. Eindringliche Blicke von Ausländern können demnach sehr schnell missinterpretiert werden. Schweden selbst ist das Angeschaut- oder gar Angestarrt-Werden überaus unangenehm – das Vermeiden von Blickkontakt zu anderen hat daher auch einen eigentlich wohlwollenden Hintergrund: Man will dem anderen nicht durch Anschauen zu nahe treten und ihm kein Unbehagen bereiten. Dennoch hat man stets Überblick über die Lage – denn Schweden sind Weltmeister in der blitzartigen Erfassung des Geschehens aus den Augenwinkeln. Verlassen Sie sich darauf: Wenn Sie einen Schweden sehen – hat er sie schon längst gesehen, auch wenn in Haltung und Blick nicht das Geringste darauf hindeutet!

Det ordnar sig (das ordnet sich, das wird schon!)

Je länger man in Schweden lebt, desto zuverlässiger entfaltet das »*det ordnar sig*« seine beruhigende, vertrauenerweckende Wirkung als Antwort auf eine beliebige Frage. Man weiß einfach aus Erfahrung, dass es stimmt und dass sich in der Regel wirklich alles ordnet, auch wenn man zum Zeitpunkt der Fragestellung oft noch nicht genau weiß, wann, wie und durch wen. Unkundige hingegen

treibt diese unschuldige kleine, typisch schwedische Antwort auf eine Frage gern an den Rand des Wahnsinns,
denn eine solche »Manana«-Einstellung hätten sie in
Schweden nicht vermutet. Nicht selten beginnen sie, den
freundlichen schwedischen Antwortenden mit den klassischen W-Fragen zu bombardieren: Warum? Wann? Wer?
Wie? Wieviel? – und wollen alles ganz genau wissen,
bis ins kleinste Detail und lange im Voraus. Da man in
Schweden dazu neigt, sich erst dann Sorgen zu machen,
wenn der Grund für die Sorge auch wirklich eintrifft, versteht man oft den Anlass für diese penible und ängst-
liche Vorausplanung von Dingen nicht, die womöglich
niemals eintreffen oder sich möglicherweise zwischendurch ändern. Eine sehr unökonomische Verhaltensweise
in schwedischen Augen! Auch ist Schweden ein überaus durchorganisiertes Land und vieles funktioniert tatsächlich wie »von ganz allein«, sodass diese Art von alles
vorausplanender, stets mit dem Schlimmsten rechnender
und alles absichernder Einzelkämpfermentalität hierzulande weder notwendig noch angebracht ist. Man tut
im Zweifelsfall besser daran, sich stattdessen gemütlich
zurücklehnen und darauf zu vertrauen, dass das Meiste in
Schweden tatsächlich über kurz oder lang wie von selbst
klappt, ganz ohne Hektik und Panik – *det ordnar sig!*

Einkaufen

Die Supermärkte sind in Schweden meist sehr lange geöffnet,
vielfach kann man dort problemlos bis 22 Uhr, gelegentlich

sogar bis 24 Uhr einkaufen. Kleinere Geschäfte öffnen von ca. 9-18 Uhr und halten in der Regel eine Mittagspause von 12-13 Uhr ein. In fast allen kleineren Geschäften, sowie in Apotheken und an den Frischetheken der Supermärkte gibt es eine Rolle mit Wartezetteln, von der man sich einen Nummernzettel (*kölapp*) abreißt und dann wartet, bis man an der Reihe ist. Vordrängeln ist überall absolut tabu. In sämtlichen Geschäften mit Selbstbedienung wartet man an Lebensmittel-, Kühl-, Wein- oder Apothekenregalen geduldig und diskret ab, bis der Kunde vor einem seine Auswahl getroffen hat – und greift diesem nicht vor der Nase herum oder tippt ihn etwa an, damit er zur Seite geht: grober Fauxpas!

Braucht man Hilfe vom Personal, geht man hin und ruft nicht quer durch den ganzen Laden (wenn man nicht sogleich als ungehobelter Tourist aufgefasst werden möchte). An den Kassen sind die Schlangen oft lang und das Tempo gemächlich; das berechtigt jedoch keineswegs zum Drängeln, Vordrängeln, Schimpfen oder zum Vorgelassen-Werden. Es bleibt einem nur das geduldige Warten, wie es auch die schwedischen Kunden über sich ergehen lassen müssen. Alles andere ist verpönt.

Garten, Rasen, Zäune

Ganz im Gegensatz zu Mittel- und Südeuropa wird der heimische Garten in Schweden (außer gegebenenfalls zu *midsommar*) meist nicht als eine Art grünes Wohnzimmer genutzt, in dem man sich zu Entspannung und Vergnügen oder gern auch feiernd aufhält. In Schweden möchte man, zugespitzt gesagt, beim Nichtstun nicht von anderen gesehen werden und verlegt die Mußestunden daher ins Innere des Hauses. Ein Garten ist denn auch hierzulande praktisch ausschließlich zum optischen Genuss, Anbauen und Rasenmähen da und sollte jederzeit perfekt gepflegt aussehen – will der Besitzer nicht als faul oder gar arbeitsscheu gelten. Unter der Wachstumsperiode wird der Rasen mit Hingabe ein- oder gar zweimal die Woche gemäht, jeglicher Wildwuchs mit dem Trimmer bearbeitet und stets eine optisch einwandfreie Gartenkulisse aufrecht erhalten. Das gilt oft sogar für die vom eigenen Haus weiter entfernten Sommerhäuschen im Familienbesitz. Zäune gibt es meist keine, was für ausländische Besucher oder Einwanderer verwirrend sein kann. Beim Bezug eines eigenen (Sommer-)Hauses in Schweden sollte man sich daher zuvor über die Grundstücksgrenzen vergewissern, um nicht auf der falschen Seite des (imaginären) Zauns sein Gemüse anzubauen oder dem Nachbarn u.U. den Schuppen leerzuräumen bzw. vollzustellen.

Gefühle

Vor den Ausdruck von Gefühlen hat der Schwede das *jantelagen* gesetzt, das gebietet, sich selbst im Zaume zu halten, sich und seine Gefühle nicht wichtig zu nehmen und vor allem andere nicht damit zu belästigen. Gefühle sind ausschließlich für die Familie und allernächste Freunde bestimmt – und nicht für die Öffentlichkeit. Im gewöhnlichen Alltag gibt man sich daher in der Regel beherrscht, zurückhaltend und höflich-ausdruckslos. Darum wird man in Schweden selten Gelegenheit haben, öffentliche Gefühlsbezeugungen – seien sie verbaler oder körperlicher Art – zu erleben. Eine Ausnahme machen gelegentlich ganz junge Leute, die sich in lustvollem und bewusstem Regelverstoß wild und demonstrativ auf offener Straße küssen mögen; alle anderen halten sich zurück. Öffentliche Gefühlsbezeugung jeglicher Art, im Guten wie im Schlechten, wird in Schweden als »*patetisk*« (pathetisch) angesehen und ruft im Zweifelsfall eher Verachtung als irgendetwas anderes hervor. Dies gilt natürlich nicht für kleine Kinder. Über turtelnde Touristen macht man sich insgeheim gern lustig, würde das aber niemals zugeben. Konfrontation mit starken Emotionen außerhalb der Familie, wie z.B. großer Freude, Wut, Trauer, Angst usw. ist Schweden meistens recht unangenehm und ruft nicht selten Hilflosigkeit hervor – sowie das Bedürfnis, so rasch wie möglich zu verschwinden.

Geschenke

Geschenke sollten in Schweden nicht zu groß oder zu teuer ausfallen, will man den Beschenkten nicht unglücklich machen bzw. in die unangenehme Situation bringen, sich mit Gleichem revanchieren zu müssen. Während man sich z.B. auf dem europäischen Kontinent durch große Geschenke besonders geehrt fühlen kann, ist man in Schweden beim Erhalt pompöser Geschenkpakete häufig nach außen hin zwar erfreut und dankbar, innerlich beginnt aber sofort das Nachrechnen, ob, wie und wann man sich beim Schenkenden dafür jemals revanchieren kann. Im Zweifelsfalle sorgen also zu große Geschenke eher für Seelenpein und Unbehaglichkeit. Das Beschenktwerden trifft in Schweden so gut wie immer auf die Haltung des »*göra rätt för sig*« – man kommt stets für sich selbst auf, bezahlt, was man verzehrt oder sonst wie in Anspruch nimmt – und beantwortet nach Möglichkeit auch Geschenke in der gleichen Höhe des ungefähr aufgewendeten Betrages, um auf keinen Fall in jemandes Schuld zu stehen. Auch können zu große Geschenke Beschämung hervorrufen, daher ist man gut beraten, Mitbringsel und Gastgeschenke, z.B. bei Einladungen, nicht teurer als ca. 100 SEK ausfallen zu lassen. Anlässlich der Geburtstage naher schwedischer Freunde können es schon mal ein paar Kronen mehr sein, übertreiben sollte man es aber auch dort nicht.

Grüßen

»*Hej*« ist die gewöhnliche schwedische Begrüßung bei der Begegnung oder am Telefon, »*Hej då*« sagt man stattdessen beim Abschied. Nichts weiter – kein Händeschütteln, kein Schulterklopfen, keine langen Reden. Bei näherer Bekanntschaft umarmt man einander gern kurz und rasch anlässlich der Begegnung und des Abschieds; in Schweden nennt man diese Umarmung lustigerweise »*kram*«. Das Grüßen auf der Straße oder im Treppenhaus ist nicht sehr verbreitet, auch schwedische Bekannte grüßen einander oder Sie gegebenenfalls in der Öffentlichkeit nicht, das ist (leider) normal. In Schweden trennt man sehr stark zwischen privatem und öffentlichem Leben und hat für jeden dieser Bereiche sozusagen eigene Verhaltensweisen parat.

Handwerkerpflege

Seien Sie freundlich zu Ihrem schwedischen Handwerker, auch wenn es Wochen oder Monate dauert, bis er kommt oder wenn er Arbeiten auf für Sie gänzlich ungewohnte Weise gemäß schwedischen Vorschriften ausführt: Er ist möglicherweise – wie auf dem Lande so oft – der einzige Handwerker seines Fachs in der gesamten Region, darum sollten Sie ihn nicht auf Nimmerwiedersehen vertreiben. Freundlicher Umgang mit Handwerkern spricht sich auf dem Lande schnell herum, unfreundliches Auftreten allerdings noch viel schneller.

Höfliche Gesten und Galanterie

Klassische höfliche Gesten, wie z.B. das Aufhalten einer Tür, das Abnehmen einer Last, das Anbieten eines Taschentuchs, das Feuergeben, das In-den-Mantel-Helfen und dergleichen erfahren in Schweden meist nicht die vom Heimatland gewohnte Wertschätzung, sondern werden eher verwundert bis abweisend – und häufig genug kommentarlos – registriert. Insbesondere männliche Galanterie fällt bei den Damen nicht auf fruchtbaren Boden, denn Schwedinnen fühlen sich dadurch leicht gegängelt und in ihrer Selbständigkeit unterschätzt – und können dann mitunter recht abweisend und kühl reagieren. Schwedische Männer haben das verinnerlicht und versuchen daher meist gar nicht erst, galant und zuvorkommend aufzutreten, um sich nicht zu blamieren. Was wiederum Kontinental-Europäerinnen brüskieren mag, wenn sie, wie vielen geschehen, z.B. die Tür vor den Kopf geknallt – statt aufgehalten – bekommen, oder ihnen der Stuhl weggezogen statt angeboten wird. In diesem Bereich sind viele feine Missverständnisse und Überraschungen möglich.

Das gilt auch für den Umgang mit alten Menschen in Schweden, die sich durch Hilfsangebote eher gekränkt als beglückt fühlen. Implizieren diese doch, dass sie es alleine nicht (mehr) schaffen! Alten Menschen sollte man daher Hilfe nur auf konkrete Nachfrage oder im offensichtlichen Notfall anbieten.

Jantelagen

Das *jantelagen* ist das mentale Grundgesetz der skandinavischen Länder bzw. das ungeschriebene Gesetz von Gleichheit und Konformität im Alltag – und der Schlüssel zur schwedischen Mentalität. Das *jantelagen* sieht vor, sich nicht wichtig zu nehmen, nicht zu glauben, dass man besser oder klüger sei als die anderen, keine Ratschläge zu erteilen, nicht zu prahlen oder sich zu beklagen – und sich überhaupt in keiner Weise hervorzutun. Mit anderen Worten ist das schwedenweit verbreitete *jantelagen* das Bekenntnis zu bzw. die Reduktion auf Mittelmaß und Einheitlichkeit.

Das hat weitreichende Konsequenzen für alle Bereiche des schwedischen Alltags: Sowohl im Job, in der Schule und zuhause, als auch in Beziehungen und Gesprächen mit anderen sind es stets die oben genannten Regeln des *jantelagen*, die herrschen und das Verhalten grundlegend bestimmen. Niemand soll hervorstechen! Man ist sich dessen in Schweden natürlich bewusst, kann aber nicht aus seiner Haut heraus, zu tief ist das *jantelagen* verinnerlicht, da seit jeher grundlegendes Fundament des sozialen Umgangs.

Junge Leute in Schweden unternehmen hin und wieder tapfer den Versuch, gegen diese »Verpflichtung zur Einheitlichkeit« aufzubegehren, orientieren sich dabei an Gesellschaften mit weniger kollektivistischer Prägung und proben den individuellen Auftritt.

Der Begriff *jantelagen* lehnt sich übrigens an einen Roman von Aksel Sandemose an (»*En flygtning krysser sitt spor*«, 1933), in dem er das Leben einer bäuerlichen, neiderfüllten Gesellschaft im Dorf Jante beschreibt, in dem Gleichheit Vorschrift ist und Abweichung mit Ausschluss aus der Gemeinschaft geahndet wird. Die Angst vor Abweichung und Ausschluss aus der Gemeinschaft ist denn auch eine der zentralsten schwedischen Ängste, die durch weitgehende Konformität und ausgeprägte Gruppenorientierung in Schach gehalten wird. Das unschuldige kleine Wörtchen »*avvikande*« (abweichend) ist in Schweden ein ausgesprochen harsches soziales Verdikt; wer so bezeichnet wird, ist (und bleibt) ein Außenseiter.

Kinder

Schwedische Kinder scheinen alles zu dürfen, niemand setzt ihnen Grenzen, niemand verbietet etwas und niemals schimpft jemand. So erscheint es vielen Besuchern und Neuzugezogenen in Schweden – und da ist was dran. Kinder genießen eine starke Stellung in Schweden und das schwedische Bekenntnis zur Gleichstellung aller Individuen erstreckt sich auch auf sie.

Auch ist »Laissez-faire« das vorherrschende Leitprinzip in der Kindererziehung. Die Kinder kommen und gehen, wie sie wollen, sie bestimmen meistens – ganz wie Pippi Langstrumpf – selbst, wann sie zu Bett gehen, sie stehen vom Tisch auf, sobald sie fertig sind und verschwinden ohne weiteren Kommentar, wenn ihnen danach zumute ist. Für viele Kontinentaleuropäer ist das sehr ungewohnt und nicht selten Stein des Anstoßes, besonders, wenn man Nachbarskinder oder Schulkameraden der eigenen Kinder eingeladen hat und dann mit der schwedischen »Regellosigkeit« konfrontiert wird. Machen Sie jedoch unter keinen Umständen den Fehler, zu schimpfen, schwedische Kinder zu erziehen oder ihnen Vorschriften zu machen! Nützen wird es gar nichts, aber: Ihr Kind verliert mit ziemlicher Sicherheit einen Freund – und Sie die womöglich mühsam geknüpfte Verbindung zu dessen Eltern.

Körperkontakt

Im Land der großen Abstände hält man auch großen körperlichen Abstand zueinander! Einander »auf die Pelle rücken« ist verpönt, Berührungen Fremder, Antippen und Schulterklopfen sind Schweden sehr unangenehm und unbedingt zu vermeiden. Händeschütteln ist nicht üblich, »*Hej*«[*] und »*Hej då*«[**] genügen vollauf zu Begrüßung bzw. Abschied. Ist man sich schon näher gekommen, gibt man einander bei Begrüßung oder Abschied einen »*kram*«, also eine rasche Umarmung. Das soll aber an Körperkontakt dann auch genügen.

[*] Hallo!
[**] Tschüss!

Im Privatbereich bzw. unter Partnern verhält es sich in puncto Körperkontakt natürlich anders. In Schweden sind es sehr häufig die Frauen, die eine Beziehung einleiten und den ersten Schritt in Richtung Körperkontakt machen, auf dem Lande mitunter auf drastische Weise: Man besucht zum Beispiel – alkoholisch bestens »vorgewärmt« – die bei vielen sehr beliebten ländlichen *logdans*-Veranstaltungen (große Tanzveranstaltungen mit Musik), wo die Frauen auch in der Auswahl ihrer Tanzpartner sehr aktiv sind. Gefällt ihr der Tanzpartner, sagt die interessierte Dame womöglich nur: »Komm!«, packt den Herren am Handgelenk und zieht ihn mit sich in schmusefreundlichere Gefilde – wogegen besagter Herr vermutlich nicht so viel einzuwenden hat. Denn unter anderem für derartige Begegnungen sind diese Tanzveranstaltungen ja da, das wissen alle (schwedischen) Besucher, von denen nicht wenige aus praktischen Erwägungen denn auch gleich mit dem Wohnwagen oder dem Wohnmobil anreisen. Viele Worte muss man – wie so oft in Schweden – also auch in diesem Bereich nicht machen, was für viele Herren nicht unattraktiv sein mag.

Auch in den Städten kommt man in puncto Körperkontakt und Sex vergleichsweise schnell zur Sache, hat man sich erst einmal geeinigt bzw. die Frau ihre Wahl getroffen. Ein paar Gläschen vorweg erleichtern dabei häufig die Annäherung. Abwarten, einander erst einmal besser kennenlernen oder »*moralpanik*« wegen zu schnell erfolgter sexueller Begegnung – derartige Bedenken sind in Schweden recht unüblich. Zu Sex und Körperkontakt zwischen (angehenden) Partnern, Tanzpartnern etc. hat man eher ein ähnlich unverkrampftes, pragmatisches Verhältnis wie zum Essen und Trinken: Es ist notwendig und macht Spaß. »*Sex on third date*« mit allen zugehörigen Präliminarien, Geschenken, Einladungen und sonstigen Verführungsstrategien ist damit denn auch eher Kontinentaleuropäern oder Amerikanern vorbehalten. In Schweden geht man hingegen gern direkt und ohne Umschweife zur Sache, hat man sich erst einmal geeinigt.

Warum kompliziert, wenn es auch einfach geht – diese in Schweden weit verbreitete Haltung mag sich auch in diesem Bereich des Alltags widerspiegeln.

Konflikte

Konflikte und Meinungsverschiedenheiten – ein sehr angstbesetztes Thema in Schweden – werden in aller Stille bzw. gar nicht ausgetragen. Im Land der großen Entfernungen ist es ja ein Leichtes, einander im Konfliktfall einfach zukünftig aus dem Weg zu gehen – und das ist denn auch die üblichste Art, Konflikte zu lösen. Man zieht sich zurück und lässt nichts mehr von sich hören, das zugrunde liegende Problem wird von den Beteiligten nicht thematisiert und gegebenenfalls tritt sogar jahrzehntelanges Schweigen ein, dies mitunter auch zwischen direkten Nachbarn. Für diskussionsgewohnte Bewohner aus verbaleren Kulturen oftmals ein schwieriges Problem, denn was macht man, wenn der andere nicht redet oder sagt, wo der Schuh drückt bzw. was man falsch gemacht hat? Die Empfehlung lautet: vorsichtiges Nachfragen beim andern, dabei Vorab-Entschuldigung für eventuelle Fehler, die man vielleicht unwissentlich gemacht hat und Betonung der Wertschätzung einer fortgesetzten Beziehung zueinander. Das mag ein freundliches Tauwetter einleiten – und die »Eiszeit« damit vorbei sein.

Anders gelagert ist der Fall, wenn der Grund für eine Verstimmung auf schwedischer Seite zu suchen ist: Nach Möglichkeit sollten Sie dann Fehler nicht ansprechen oder gar kritisieren (siehe auch unter Kritik), sondern einfach übergehen. Denn kaum etwas plagt einen Schweden mehr als Kritik bzw. das Eingeständnis eigener Fehler und Schuld – lieber zieht er sich für immer zurück.

Konformität, Konsens und Kompromiss

Diese drei großen K's spielen in allen Bereichen des schwedischen Alltags die Hauptrolle. In Schweden will man als Individuum nicht auffallen – auftreten und handeln wie die anderen ist daher nahezu durchgängiges Prinzip. Statt vehement Einzelmeinungen durchzukämpfen, werden stets Kompromisslösungen bevorzugt, die allen Beteiligten gerecht werden und niemanden außen vor lassen. Dazu bedarf es meist wiederholter und ausführlicher Besprechungen (*möten*), in denen man sich (langsam) zum gemeinsamen Beschluss vorandiskutiert. Erst wenn allgemeiner Konsens herrscht, wird eine Maßnahme/Entscheidung auch durchgeführt. Für viele Ausländer, in deren Heimatländern häufig Position und hierarchische Stellung das Ausmaß der Entscheidungsgewalt bestimmen, eine ungewohnt umständliche (und oftmals nervenaufreibende) Vorgehensweise! Auch Zeitdruck bei der Umsetzung von Entscheidungen und Maßnahmen ist in

Schweden eher ungewöhnlich (siehe unter Zeit). Man tut also gut daran, sich auf keinen Fall in den Vordergrund zu spielen, mit dem Verkünden »perfekter« und schneller Lösungen sehr zurückhaltend zu sein und nach schwedischer Manier Entscheidungen, die mehrere berühren, stets im Team zu treffen. Einzelkämpfer und Super-Lösungsstrategen werden es in Schweden nicht leicht haben!

Konversation und ihre Fallstricke

In der Konversation mit Schweden sind die meisten Fallstricke verborgen und man kann daher (sehr) viel falsch machen bzw. falsch auffassen. Ein Thema wie Konversation und Austausch kann natürlich niemals erschöpfend behandelt werden – nachfolgend daher nur die wichtigsten Tipps zum Verständnis.

- **Duzen**

  Hier duzen sich alle – nur die Königsfamilie ist davon ausgenommen – was Besuchern und Neuhinzugezogenen meist sehr sympathisch ist. Sie gehen allerdings häufig irrtümlich davon aus, dass das schwedische Du – wie z.B. das deutsche Du – bereits eine gewisse Nähe zum Gesprächspartner impliziert. Das ist mitnichten der Fall; das schwedische »Du« ist schlicht Ergebnis der bereits 1968 staatlichen verordneten, sogenannten »Du-Reform« als Ausdruck des Umgangs unter Gleichen. Besucher und Neuhinzugezogene fühle sich jedoch durch das ständige »Du« ihren schwedischen Gesprächspartnern oftmals weitaus näher, als sie es tatsächlich sind – und rücken diesen daher unter Umständen in aller Unschuld »zu nah auf die Pelle« – ein Graus für die meisten Schweden!

▪ Ansichten und Meinungen

Es ist empfehlenswert, schwedische Gesprächspartner nicht nach ihren Ansichten und Meinungen zu fragen, da man sie damit in eine unangenehme Situation bringt. In Schweden lernt man von Kindesbeinen an, sich nicht wichtig zu nehmen und (außerhalb der Familie) seine Meinung, Gefühle und Sichtweise von Dingen stets für sich zu behalten (siehe *jantelagen*). Ein gegenteiliges Verhalten, ob von schwedischer oder von ausländischer Seite, wird als Wichtigtuerei ausgelegt bzw. als Wunsch, sich in den Vordergrund zu stellen. Das Verkünden eigener Ansichten ist somit ein tiefsitzendes kulturelles Tabu in Schweden – man sollte daher seine schwedischen Gesprächspartner nicht nötigen, dieses Tabu zu verletzen.

Aus dem gleichen Grunde ist natürlich jegliche Form von Selbstdarstellung und die Erwähnung von Besitztümern, Status, Prestige etc. ein absolutes No-Go! (siehe auch unter: Angeben, Auffallen und Ansprüche stellen)

▪ Direkte Fragen – indirekte Antworten

In Schweden wird man auf Fragen oftmals weniger eine direkte als vielmehr eine indirekte, möglicherweise gewundene Antwort erhalten. Ein klares »Ja« oder »Nein« ist fast nie zu hören, stattdessen wird die schwedische Ant-

wort meist mit »*jag vet inte*« (ich weiß nicht) oder mit
»*jag tror det*« (das glaube ich) eingeleitet. Der Grund dafür ist auch hier im *jantelagen* zu suchen: Jeder, der glaubt,
etwas genau und zweifelsfrei zu wissen, gilt in Schweden
als Angeber und Besserwisser. Dieses Stigma vermeidet
man daher durch Anwendung der oben genannten Phrasen – die vielen Ausländern allerdings Kopfzerbrechen
bereiten, da eine solche Antwort (die man häufig sogar vom schwedischen Arzt erhält) sie eher verunsichert.

Das »*jag vet inte*« oder »*jag tror det*« hat aber noch einen
weiteren Nutzen für den, der auf diese Weise antwortet: Was man nicht genau weiß und was man nur glaubt
– dafür kann man auch nicht zur Verantwortung gezogen
bzw. kritisiert werden, sollte sich die Auskunft etwa als
falsch erweisen. Denn Kritik ist in Schweden so beliebt
wie Rattengift zum Frühstück – und wird häufig als ver-
nichtend erlebt, wenn sie doch einmal erfolgt. Im Zweifelsfall gilt: Nehmen Sie das »*jag vet inte*« als Ausdruck
von Bescheidenheit – und gehen Sie beim »*jag tror det*«
davon aus, dass es meistens einem »Ja« entspricht. Vermeiden Sie in jedem Fall, nachzubohren und Ihrem schwedischen Gesprächspartner genaue, konkrete Auskünfte »ab-
zupressen« – Sie könnten Ihn genauso gut gleich foltern...
Ein schwedisches »Nein« wird übrigens noch am ehesten
durch »*det blir svårt*« ausgedrückt, zu Deutsch: »Das wird
schwierig«. Auch ein »*jag tror inte det*« (das glaube ich nicht)
weist in die gleiche Richtung. Diese beiden schwedischen
Phrasen werden allerdings von den meisten ausländischen

Besuchern oder von den mit der indirekten schwedischen Kommunikation noch nicht so vertrauten Einwanderern meist gar nicht als ein »Nein« wahrgenommen. Frohgemut insistiert man also weiter, denn was schwierig ist, ist ja nicht unmöglich, und was man nicht glaubt, muss ja deswegen noch lange nicht so sein. Missverständnisse (und gelegentliche Wutanfälle, wenn auch sicher nicht auf schwedischer Seite) sind damit programmiert...

Jammern, klagen, sich beschweren

Man sollte es nach Möglichkeit vermeiden, im Gespräch mit Schweden zu jammern, zu klagen, sich zu beschweren oder die allgemeine Weltlage ausschweifend zu kritisieren – das ist in Schweden ganz unüblich und wird nicht praktiziert. Allenfalls wird das Hilflosigkeit hervorrufen, weil Ihr Gesprächspartner ja an Ihrer Misere oder der Weltlage vermutlich nichts ändern kann. Zum anderen belästigt man in Schweden ganz einfach andere nicht mit seinen persönlichen Nöten, Ansichten oder Beschwernissen – auch das wird als Wichtigtuerei interpretiert. Wenn Sie jedoch, z.B. in einem Restaurant, einmal Grund zur Beschwerde haben, genügt es, wenn Sie diese höflich und zurückhaltend – also ohne wotangleichen Auftritt – äußern. Man wird sicher sofort versuchen, Sie zufriedenzustellen bzw. den Grund Ihrer Beschwerde zu beseitigen.

Lautes Sprechen

Lautes Sprechen, eventuell noch von Gesten untermalt, wird in Schweden nicht goutiert – und automatisch mit

Wichtigtuerei assoziiert, oft gar als bedrohlich bzw. aggressiv empfunden. Nur Berauschte, Kinder und ganz junge Leute erhöhen in Schweden gelegentlich die Stimme, was ihnen jedoch nachgesehen wird.

▪ Keine Monologe

Das schwedische Gespräch – auch wenn es mitunter langsam vorangeht und große Pausen vorkommen – ist immer als Dialog angelegt. Regelrechte »Vorträge« bzw. Monologe nur eines Gesprächsteilnehmers – wie sie außerhalb Schwedens ja nicht selten vorkommen – sind in Schweden unbekannt bzw. machen den »Talking Head« auf der Stelle unsympathisch. Wohlabgewogenes, »portioniertes« Reden, den anderen ausreden und ihm Zeit zur Antwort lassen, gut zuhören und nicht gleich jede Gesprächspause füllen – das ist eine gute Grundlage für ein geglücktes Gespräch gemäß schwedischer Auffassung.

▪ Keine Unterbrechungen

Anderen ins Wort zu fallen, gilt in Schweden als extrem unfein, und man tut es nicht. Im Verlauf von zwölf Jahren ist die Autorin in Schweden nicht ein einziges Mal im Gespräch unterbrochen worden, in Deutschland hingegen zeitlebens in praktisch jedem Gespräch, wie es dort eben üblich ist! Die Unterschiede in der Gesprächskultur sind also enorm. In Schweden macht man dabei keinen Unterschied zwischen spontanen enthusiastischen Ausrufen des Zuhörers mitten im Gespräch oder willentlichem Unterbrechen des Anderen: Beides erfüllt den Tatbestand der Unterbrechung und wird daher als Fauxpas betrachtet.

Ratschläge an und von Schweden

In Schweden reagiert man empfindlich auf Ratschläge aller Art und erteilt auch selbst keine, häufig nicht einmal seinen Kindern (Kleinkinder ausgenommen). In Schweden geht man davon aus, dass jeder selbst am besten weiß, was gut für ihn ist – und mischt sich nicht ein. Wer sich hingegen anmaßt, Ratschläge zu geben, ist nach schwedischem Verständnis ein Besserwisser und Wichtigtuer, der annimmt, er wisse besser, was für andere gut sei als die Betroffenen selbst. Ein klarer Verstoß gegen das *jantelagen*, nach welchem das Erteilen von Ratschlägen auf Selbstüberschätzung und einem Hang zum Besserwissen beruht. Ratschläge sind also in Schweden extrem unpopulär, insbesondere unerbetene. Genauso ungern erteilt man selbst Ratschläge bzw. kommt in große Verlegenheit, wenn man (meist von Ausländern) um solche gebeten wird. Fragen Sie also besser nicht um Rat! (Dies gilt natürlich nicht für Fragen nach dem Weg etc., aber bei Fragen nach »dem besten Wirtshaus« oder dem »schönsten Strand« kann es schon schwierig werden, denn da soll der Gefragte ja Stellung beziehen bzw. einen Rat geben...)

Kritik und Schimpfen

Kritik ist ein heikles Thema in Schweden, so heikel, dass es praktisch nicht vorkommt! Allenfalls im heimischen Familienkreise oder hinter vorgehaltener Hand wird Kritik geäußert, doch niemals direkt demjenigen gegenüber, der Anlass zu Kritik gibt. Wer kritisiert wird, »verliert sein Gesicht« – und das muss unter allen Umständen vermieden werden. In Schweden wird daher Kritik stets positiv »verpackt« und der zu Kritisierende zunächst tüchtig gelobt und ermuntert, bevor man dann in einem Nebensatz vorsichtig und zartfühlend darauf hinweist, dass er dieses und jenes beim nächsten Mal sicher noch viel besser machen könnte. Aus dem gleichen Grunde wird in Schweden auch so gut wie nie geschimpft, sondern stets nur ermuntert und auf Verbesserungsmöglichkeiten hingewiesen. Eltern, die in Schweden ihre Kinder öffentlich ausschimpfen, sind mit allerhöchster Wahrscheinlichkeit keine Schweden. Was für die Menschen gilt, gilt auch für das Land: Wenngleich Schweden selbst durchaus die eine oder andere kritische Bemerkung über ihr Land fallen lassen, freut man sich durchaus nicht, wenn Besucher oder Neuzuzügler dann fröhlich einstimmen, auch wenn man das – wie immer – nicht sagt. Aber: Kritik an Schweden ist den Schweden selbst vorbehalten...

Lagom

Lagom – kaum ein anderes Wort wird so sehr mit dem schwedischen Hang zum Maßhalten assoziiert. Es bezeichnet eigentlich die goldene Mitte, das gerade rechte Maß: nicht zu viel – nicht zu wenig, nicht zu heiß – nicht zu kalt, nicht zu groß – nicht zu klein, nicht zu laut – nicht zu leise usw. – eben *lagom*.

Im Alltag wird es praktisch in allen denkbaren Situationen angewandt, ob im Restaurant, zuhause, unter Freunden und Bekannten oder am Arbeitsplatz. *Lagom* ist in Schweden immer richtig, hier, wo man jede Form der Übertreibung und jedes Zuviel, Zugroß, Zustark in der Regel meidet. *Lagom* und *jantelagen* bedingen und spiegeln einander; sie sind Unterbau und Kitt der offensichtlich so harmonischen schwedischen Gesellschaft, in der sich keiner zu viel herausnehmen und in jeder Beziehung maßhalten soll. Als Besucher tut man gut daran, sich diese Maßstäbe ein wenig zu eigen zu machen, wenn man nicht unangenehm auffallen möchte, sei es beim persönlichen Auftritt, beim Konsumieren, Bestellen oder beim Darstellen von etwas. Mit einer Prise *lagom* fährt man in Schweden immer gut.

Meetings

Wie bereits unter »Konformität, Konsens und Kompromiss« weiter oben beschrieben, sind demokratische Abstimmungs- und Entscheidungsprozesse auch in der schwedischen Besprechungskultur von grundlegender Bedeutung – und das Wir stets wichtiger als das Ich. Statt glänzend vorgetragener Einzelmeinungen und perfekter schneller Lösungen, bevorzugt man langsam und geduldig erarbeitete gemeinsame Strategien, wobei gut durchdachte und von allen abgesegnete Schritte weitaus wichtiger sind als die Schnelligkeit der Umsetzung. Alle werden gehört – jeder sagt das Seine, dies meist auf sehr zurückhaltende und bescheidene Art. Ausländer, die den Schwerpunkt auf zügige, gern »von oben« gesteuerte Verabschiedung von Maßnahmen und umgehende Resultatsanpeilung legen, tun sich mit dieser Form der relativ hierarchiefreien und zeitintensiven »Basis-Demokratie« im schwedischen Geschäftsleben oft schwer. Der durchgehende schwedische Hang zu Konsens und Kompromiss ist für viele gewöhnungsbedürftig – und dass ein Meeting nicht unbedingt zu Resultaten führen muss, ebenso. Gleichwohl lässt sich sagen, dass die im schwedischen Team über einen längeren Zeitraum gemeinsam gefundenen Lösungen in der Regel perfekt durchdacht sind und vergleichsweise selten einer Nachbesserung bedürfen. Darin liegt auch das Geheimnis, warum schwedische Firmen durch dieses Verhalten keinem Wettbewerbsnachteil ausgesetzt sind. Man könnte annehmen, dass das – für unsere kontinentalen Verhältnisse – extrem konsens- und teamorientierte Arbeiten dazu führt, dass die Produktivität ins Bodenlose absinkt, weil eben niemand als Einzelperson auftritt, aufs Gaspedal steigt und einen klaren Handlungsplan vorgibt. Durch die damit verbundene Solidität der Entscheidungen und gut vorbereiteten Durchführung gleichen sich aber erhöhte Vorbereitungs- und verminderte Nacharbeitungszeit wieder aus. Im Schnitt liegen die schwedischen Unternehmen also zeitlich wieder auf gleichem Niveau. Aber vermutlich meist mit wesentlich entspannteren Mitarbeitern.

Nähe und Distanz

Wie auch bereits unter der Rubrik »Körperkontakt« erwähnt, hält man in Schweden großen räumlichen Abstand zueinander, nicht zuletzt dank des großzügigen Raumangebots und der spärlichen Besiedlung vieler Landstriche. Eindringen in die Privatsphäre oder persönliche Wohlfühlzone eines Anderen ist ein absolutes Tabu. Jede Art aufgedrängter Kontakt bzw. aufgezwungene räumliche Nähe wird als Affront und Rücksichtslosigkeit empfunden und sorgt für ausgeprägte Irritation. Das gilt natürlich nicht für das übliche Gedränge in den Großstädten, wo man sich ja oft zwangsläufig (zu) nahe kommt. Halten Sie ansonsten unter allen Umständen immer genügend Abstand, breiten Sie sich nicht aus, weder am Strand noch in Restaurant oder Kneipe, wenn Sie nicht das Klischee vom unsensiblen, egoistischen, viel zu viel Platz beanspruchenden Touristen bestätigen wollen.

Pausen und Ferien

Der Alltag in Schweden ist sehr geordnet, durch unumstößliche Pausen strukturiert – und damit noch heute erfreulich berechenbar. In Schweden weiß man, dass es nicht viel Sinn macht, zur klassischen Kaffeepausen-Zeit (*fikapaus*) zwischen 9.30 und 10 Uhr bzw. 14.30 und 15.00 Uhr bei Firmen oder Behörden anzurufen oder beratungsbedürftige Einkäufe in Geschäften zu machen, auch nicht zwischen 12 und 13 Uhr (*lunchstängt*, Mittagspause) und am besten auch nicht nach 16 Uhr (vielfach Arbeitsende). Für die langen Sommerferien (Mitte Juni bis Ende August) gilt das Gleiche: Man weiß, dass Schweden in den Sommermonaten praktisch geschlossen ist (*semesterstängt*) und richtet sich darauf ein. Machen Sie es genauso – alles andere nützt auch nichts...

Pünktlichkeit

Die viel gerühmte schwedische Pünktlichkeit wird nach Ansicht der Autorin maßlos übertrieben. Außer im Geschäftsleben ist sie eigentlich nirgendwo in voller Blüte anzutreffen, denn im gewöhnlichen Alltag machen das *jantelagen*, die großen Entfernungen und die sich manchmal extrem schnell ändernden Wetterverhältnisse der Pünktlichkeit oft einen Strich durch die Rechnung. Gemäß *jantelagen* soll ein Schwede auch in keiner Situation der Erste oder Beste sein – denn das würde Wichtigtuerei bedeuten – also kommt man einfach ganz entspannt ein paar Minütchen zu spät, und schon ist dem *jantelagen* Genüge getan! Der Umgang mit Zeit ist in Schweden ohnehin sehr entspannt (siehe auch unter Zeit), niemand macht sich verrückt – und das brauchen Sie daher auch selbst nicht.

Restaurant- und Kneipenbesuche

Die meisten Restaurantbesuche in Schweden erfolgen in der Mittagszeit, wenn in den Lunchrestaurants das preisgünstige *Dagens Rätt* (Tagesgericht) angeboten wird. Es besteht in der Regel aus Salat, verschiedenen Warmgerichten, Nachtisch, Brot, Butter, Soft-Getränken und Leichtbier. Man geht zuerst zur Kasse, bezahlt vorab und holt sich in den allermeisten Fällen dann sein Essen selbst. Wer sich hingegen zunächst hinsetzt und auf Bedienung wartet, kann dabei sehr alt werden...

Ausländer fallen in schwedischen Restaurants und Kneipen meist sogleich dadurch auf, dass sie laut sprechen, viel Platz

249

beanspruchen und gern von allem viel nehmen, falls möglich oder gratis – schauerliche Manieren gemäß schwedischem Verständnis!

Wenn Sie nicht gleich als Ausländer erkannt werden bzw. auffallen möchten, machen Sie es am besten so wie die Schweden selbst: Treten Sie zurückhaltend und bescheiden auf, warten Sie bei abendlichen Restaurantbesuchen, bis der Kellner Sie platziert, schaufeln Sie beim mittäglichen Besuch im Lunch-Restaurant nicht zu viel auf einmal vom *Dagens Rätt* auf Ihren Teller, und nehmen Sie nicht neun Mal Kaffee nach, nur weil dieser im Zusammenhang mit dem *Dagens Rätt* gratis ist! Auch wenn Sie gemeinsam mit Freunden oder Familie aus dem Heimatland eine Kneipe oder ein Restaurant besuchen: Halten Sie sich aus Rücksicht auf Ihre schwedischen Tischnachbarn in puncto Lautstärke nach Möglichkeit zurück. Denn Lautstärke im Gespräch wird in Schweden ausschließlich als Wichtigtuerei und Belästigung anderer interpretiert – und als nichts anderes. Rauchen ist übrigens seit Langem in sämtlichen Restaurants, Cafés und Kneipen verboten.

Ein Kneipenbesuch mit schwedischen Bekannten/Freunden verläuft im Prinzip so wie ein Kneipenbesuch zuhause, mit zwei Ausnahmen: 1) Alkoholische Getränke in schwedischen Kneipen sind wesentlich teurer und 2) Jeder zahlt – immer! – für sich allein. Ausnahmen bestätigen die Regel. Bringen Sie daher Ihre schwedische Begleitung nicht in Verlegenheit und in Zugzwang, indem Sie »eine Runde schmeißen«! Ihre schwedischen Begleiter werden sich unter allen Umständen verpflichtet fühlen, Ihnen Gleiches zu tun – bei circa 5 Euro pro Glas Bier geht das, je nach Gruppengröße, schnell ins Geld! In Schweden sind jedoch die Gehälter nicht so hoch...

Übrigens: Trinkgelder sind in Schweden in den Verzehrrechnungen bereits enthalten und werden darüber hinaus nicht erwartet.

Saunabesuch

Beim öffentlichen Saunabesuch in Schweden kann man einige Überraschungen erleben: Entgegen verbreiteten Annahmen geht es dort (wie überhaupt in Schweden) durchaus nicht so freizügig zu, wie viele Ausländer vermuten: Denn Männlein und Weiblein besuchen getrennte Saunen und dies nicht etwa nackt, sondern züchtig verhüllt (Badelaken, Handtücher, Saunakittel, gegebenenfalls Badekleidung). Achten Sie also gut auf die mitunter sehr kleinen Schilder (Frauensauna bzw. Herrensauna) am Saunaeingang und treten Sie niemals nackt ein! Alkoholische Saunaaufgüsse sind gänzlich unbekannt bzw. erfolgen nur von innen – wenn der eine oder andere Privatsaunier ein Glas Alkoholhaltiges mit in die heimische Sauna nimmt.

Vereinsleben und Kurse

Vereine (*föreningar*) und Kurs-Zusammenkünfte (*kurser*) sind in Schweden häufig nichts anderes als reine Begegnungsstätten: Man trifft sich mit anderen, knüpft neue Kontakte, plaudert, trinkt Kaffee, sammelt Mitgliedsbeiträge ein – und oft geschieht nicht viel mehr. In Schweden weiß man natürlich, dass viele Vereine und auch Kurse – besonders auf dem Land – vor allem zur Kontaktaufnahme und zum Plaudern da sind, denn hierzulande besucht man nicht einfach seinen Nachbarn oder unternimmt etwas mit seinen Arbeitskollegen, wenn man Gesellschaft haben möchte. Ein legitimer und vielbegangener Weg zur Vermeidung von Einsamkeit führt daher direkt in Vereine und Kurse aller Art, wobei Inhalt und Zielsetzung oft nicht so wichtig sind. Ausländische Vereinsmitglieder oder Kursteilnehmer sind daher oft verwundert und nicht selten enttäuscht, wenn anlässlich der Zusammenkünfte nicht viel anderes geschieht, als just Kaffee trinken und plaudern. Kleiner Tipp: In Tanz-, Musik-, Sport- und Jagdvereinen wird in der Regel auch wirklich getanzt, Musik gemacht, Sport getrieben bzw. es werden Jagdausflüge vorbereitet!

Warten statt Drängeln

Drängeln, vordrängeln und das Antreiben anderer zur Eile haben im schwedischen Alltag nichts verloren. Hierzulande wartet ein jeder geduldig, bis er an der Reihe ist, alles andere ist verpönt. In Geschäften aller Art nimmt man sich einen Nummernzettel und wartet, bis die eigene Nummer aufgerufen wird oder auf einem Display erscheint. Das Ausbrechen in Hektik und atemlose Dringlichkeit ist sinnlos: Weder VerkäuferInnen noch KassiererInnen lassen sich von füßescharrender Nervosität eiliger (ausländischer) Kunden beeindrucken. Die Warteschlange ist und bleibt damit das meistverbreitete Tier in Schweden...

Zeitverständnis

Der überaus entspannte schwedische Umgang mit der Zeit hat schon manchem ausländischen Zeitgenossen graue Haare bereitet. Alles geht seinen gemütlichen Gang – Multitasking und Beeilung zwecks Zeitersparnis werden in Schweden, außer in den paar Großstädten, kaum praktiziert. Hier erledigt man die Dinge noch immer in aller Ruhe nacheinander – *en sak i taget!*[*]

Zeit ist also durchaus kein Geld in Schweden – im Gegenteil: Eine weitverbreitete Ansicht ist: Nur was lange dauert, kann richtig gut werden! Schnellen Lösungen wird daher misstraut; diese können nach landläufiger Meinung einfach nicht gut durchdacht sein. Reiben Sie sich nicht am langsamen schwedischen Tempo auf – entspannen Sie sich und genießen Sie die Tatsache, dass es hierzulande noch immer ein Leben jenseits von Stress und Hektik gibt!

---

[*] Eins nach dem anderen!

Epilog

Die vorliegenden Ausführungen mögen Ihnen eine Ahnung davon gegeben haben, wie anders in Schweden Uhren und Menschen ticken, und dass die geheimen Gesetze des alltäglichen Umgangs hierzulande mit kontinentaleuropäischen Maßstäben manchmal gar nicht so leicht zu erfassen sind.

Ich würde mich freuen, wenn die beispielhaften Geschichten über Familie Müller und ihre Erlebnisse in Schweden Ihnen als Besucher oder Einwanderer ermöglichen, die ungeahnt zahlreichen Fettnäpfchen im schwedischen Alltag zu umgehen, über deren Existenz die freundlichen und höflichen Bewohner dieses schönen Landes – gern auch Japaner des Nordens genannt – selbst so gut wie nie etwas verraten.

Delia Kübeck